财务会计专业工学结合模式规划教材

会计综合模拟实训

（第2版）

■ 吴智勇 刘继红 史振宇 主编

清华大学出版社

北京

内 容 简 介

本书以实际工作中具有典型性的真实交易和事项为素材，精选企业一个月完整的115笔业务活动，按照企业会计准则的要求精心设计而成，涵盖了建账、填制和审核凭证、登记账簿、成本计算以及编制财务报表的全部会计核算内容。通过配套使用与企业会计完全一致的会计凭证、账簿、会计报表等真实材料操作，使操作者能够切实了解企业经济活动全貌，体验企业会计工作的组织及各会计岗位的实际工作。全书融会计理论与实务为一体，通过实战操作使学习者充分理解和有效运用会计综合知识，从而尽快熟悉和提升会计实务技能，迅速适应各种会计环境。

本书可供各高职高专院校作为教材使用，也可供从事相关工作的人员作为参考用书。

图书在版编目(CIP)数据

会计综合模拟实训/吴智勇，刘继红，史振宇主编．--2版．--北京：清华大学出版社，2015
高职高专财务会计专业工学结合模式规划教材
ISBN 978-7-302-37593-7

Ⅰ．①会…　Ⅱ．①吴…　②刘…　③史…　Ⅲ．①会计学－高等职业教育－教材　Ⅳ．①F230

中国版本图书馆CIP数据核字(2014)第186491号

责任编辑：刘士平
封面设计：杨　拓
责任校对：刘　静
责任印制：何　芊

出版发行：清华大学出版社
　网　址：http://www.tup.com.cn，http://www.wqbook.com
　地　址：北京清华大学学研大厦A座　　邮　编：100084
　社 总 机：010-62770175　　邮　购：010-62786544
　投稿与读者服务：010-62776969，c-service@tup.tsinghua.edu.cn
　质 量 反 馈：010-62772015，zhiliang@tup.tsinghua.edu.cn
印 装 者：北京国马印刷厂
经　销：全国新华书店
开　本：185mm×260mm　　**印　张**：18.5　　**字　数**：265千字
版　次：2012年5月第1版　2015年4月第2版　　**印　次**：2015年4月第1次印刷
印　数：1～3000
定　价：36.00元

产品编号：055944-01

第2版 前言

Preface

自《会计综合模拟实训》出版以来，我国会计相关法律环境发生了重大变化。新法规和新要求直接影响和制约着会计理论和实践的发展。为了突出职业能力培养，建设融“教、学、做”为一体的优质教材，也为了会计综合实训教材的理论知识与实践技能相互对应、相互融合，我们对《会计综合模拟实训》进行了较全面、深入的修订，主要变化如下。

1. 全面体现强化实战的训练思想

根据财政部发布的修订的企业会计准则，本次修订进一步强化了实战的训练思想，将实战操作理念全面贯彻到整个综合模拟实训中。本次修订，我们遵循“逻辑严谨，体系完备”的原则，对全书内容做了全面序化，使得本书更适合实战训练的需要。

2. 增加“职业能力目标”项目

为了使实训参与者清楚操作任务的职业能力目标，进一步明确实训参与者的会计职业能力训练的目的性，强化实训参与者的整体管理概念，迅速提高实训参与者的实践能力，在每个具体任务中都增加了“职业能力目标”的描述。

3. 增加“实训操作流程”项目

按照企业财务部门设置会计人员工作岗位的要求，根据经济业务相关的内部与外部经济联系、会计核算程序、会计凭证在各会计岗位的传递程序设计实训内容，使之再现企业生产经营活动。通过增加“实训操作流程”项目，使参与者对会计工作的流程有比较清晰直观的了解，既培养了参与者动手能力，又加深了其对会计理论和会计工作内在联系的深刻认识，从而较好地达到实训目的。

4. 增加“操作提示”

本书建议用真实的记账凭证、会计账簿和报表进行实务操作演练。本次修订，在每个任务中，均增加了“操作提示”，使实训参与者能迅速将理论知识应用在模拟企业的实践活动中，从中体会企业经济业务与会计的关系，提高应用能力及实际动手能力。通过增加

"操作提示",提高实训参与者的学习兴趣,有利于提升自主训练实践能力。

本次修订由辽宁经济职业技术学院的吴智勇、刘继红、史振宇任主编,陈德志、苏英伟、吴婷婷参编。全书由吴智勇统纂定稿。尽管我们对本次修订已竭尽全力,但第二版中仍会存在错误、不妥及谬误之处,恳请读者指正。

编　者

2015年1月于沈阳

第1版前言

Preface

《会计综合模拟实训》是会计专业的一门十分重要的实践性课程。本实训取材于企业的真实资料，按照现行会计准则和会计核算程序精选、设计。以企业实际发生的经济业务为对象，从建账开始，到填制审核凭证、登记账簿和编制会计报表，进行全程实务操作演练，培养学生的会计职业技能，提高学生的操作能力，为适应职业岗位要求和继续学习打下坚实的基础。

本教材根据高职高专示范专业建设的实际需要，在会计仿真模拟的基础上，进一步延伸会计工作范围，突破以往只对会计核算业务进行模拟训练的局限，从会计工作岗位所涉及的业务范畴出发，全面提高学生的实际操作能力。

需要说明的是，本实训资料中所涉及的企业名称及相关资料等均为虚构，倘有巧合不要对号入座。

本书由辽宁经济职业技术学院吴智勇、史振宇担任主编；由辽宁经济职业技术学院刘继红、刘晓波、丁宇、孙义，辽宁大学轻型产业学院的陈丽担任副主编。全书由吴智勇统纂定稿。

在本书的编写过程中，我们拜读了国内外许多位专家和学者的专著与论文，并借鉴了其中部分内容，在此谨向他们表示深深的谢意！

由于编者学识和经验所限，不妥及谬误之处在所难免，恳请读者指正。

编　者

目录 Contents

第一章　综合模拟实训准备 …… 1

1.1　会计综合模拟实训的目的 …… 1

1.2　综合模拟实训的基本要求 …… 2

1.3　会计实务操作考核 …… 3

1.4　组织及设备器材配备 …… 4

1.5　实训会计主体简介 …… 5

1.6　会计主体机构设置及主要会计政策 …… 8

第二章　会计综合模拟操作训练 …… 13

2.1　建立手工账 …… 13

2.2　上半月经济业务处理 …… 15

2.3　下半月经济业务处理 …… 35

2.4　期末结账与凭证归档 …… 51

2.5　会计报表与纳税申报表编制 …… 53

2.6　单元学习评价 …… 56

第三章　会计综合模拟实训基础资料 …… 59

3.1　会计综合模拟实训期初资料 …… 59

3.2　沈阳新科设备有限公司12月份业务所涉及的原始凭证 …… 69

3.3　企业会计报表及纳税申报表资料 …… 158

参考文献 …… 178

第一章
综合模拟实训准备

1.1 会计综合模拟实训的目的

会计综合模拟实训是为了解决会计专业学生学习理论后不会做账的弊端，通过独立完成一个公司一个月的全套账务和税务操作的学习方式，以企业实际发生的经济业务为对象，从建账开始，到填制审核凭证、登记账簿和编制会计报表的全程实务操作演练，使参加综合模拟实训的学生能全面掌握会计做账职业技能，提高学生的就业能力，为适应职业变化和继续学习的要求打下坚实的基础。

会计综合模拟实训的目的是使学生在系统掌握会计理论和账务处理技能的基础上，比较系统地练习企业会计核算的基本程序和具体方法。会计综合模拟实训丰富和完善了相关专业实践教学体系，将理论与实践紧密结合，加强学生对会计基本理论、基本方法的应用和基本技能的训练，有效地培养学生独立思考问题、分析问题、解决问题的能力，达到理论教学与会计实务操作的统一，全面培养学生的识证能力、制证能力、登账能力和编制会计报表的实际操作能力，促进学生知识、能力、素质的全方位提高。通过会计综合模拟实训，加深学生对会计的基本理论、基本知识、基本方法的掌握与运用，提高会计核算技能，形成会计责任观念，为学生毕业后参加财会工作打下扎实的基础，同时培养学生会计操作的工作习惯和严谨、细致的工作作风。

建账、做账、报表，这是会计必做的工作，也是用人单位考查求职者的重要内容。实账全面演练，将带领学生轻松迈过实际动手做会计的门槛。通过综合模拟实训，不仅能够掌握填制和审核原始凭证与记账凭证、登记账簿、成本核算和编制会计报表的全部会计工作的技能和方法，而且能够亲身体验出纳员、材料核算员、成本核算员、记账员等会计工作岗位的具体工作，从而对企业会计核算全过程有一个比较系统、完整的认识，最终具备从事会计工作的能力。

1.2 综合模拟实训的基本要求

1.2.1 对教师的要求

会计综合模拟实训是培养和提高学生专业技能的关键，教师要认真负责，做到有计划、有控制、有指导、有实训讲评、有实训成绩。教师对整个实训过程要作具体指导，以使学生顺利完成实训任务。

1. 配备专职实训教师

使用本综合模拟实训应配备专职实训教师，组织和指导实训各项目，并根据实际情况评出实训成绩。

2. 组织学习《会计基础工作规范》

操作前要求组织学生认真学习《会计基础工作规范》，并严格按照有关规定熟悉填写会计凭证，包括会计凭证的编号、日期、业务内容摘要、会计科目、金额、所附原始凭证张数等有关项目，登记账簿时要字迹清楚，并按规定的程序和方法记账、结账，发现错账应用正确的方法更正，等等。

3. 全程指导操作

操作过程中要求做到讲解清晰明了、指导准确及时。同时，要把握好时间进度，以便在规定学时内圆满完成综合模拟实训任务。

4. 及时总结

综合模拟实训结束后，要求学生整理会计档案，及时写出综合模拟实训报告，总结综合模拟实训体会，并提出会计综合模拟实训需要改进和注意的问题等。

1.2.2 对学生的要求

本综合模拟实训，最好由一个人独立完成，以便达到对企业会计核算程序来龙去脉的完整认识。对学生的要求包括道德要求和技术性要求两个方面。

1. 道德要求

(1) 会计综合模拟实训的操作过程要符合会计法规的要求。

(2) 会计综合模拟实训的账务处理要符合会计核算原理。

(3) 学生在进行会计综合模拟实训时，态度要端正，目的要明确，作风要踏实，操作要认真，以一个会计人员的身份参与实训。

2. 技术性要求

(1) 会计凭证、会计账簿、会计报表项目的填制要准确、完整。

(2) 会计凭证、会计账簿、会计报表的文字、数字书写要清晰、工整、规范。

(3) 会计凭证、会计账簿、会计报表的填制(编制)要及时。

(4) 会计凭证、会计账簿、会计报表的填制除按规定必须使用红墨水书写外，所有文字数字都应使用蓝(黑)墨水书写，不准使用有铅笔和圆珠笔(除复写凭证外)。

(5) 会计凭证、会计账簿、会计报表的操作出现错误，必须按规定方法进行更正，不得涂改、刮擦挖补或用褪色药水消除字迹。

(6) 会计凭证、会计账簿、会计报表等会计资料，须及时整理立卷，编制目录，装订成册，归档保管。

1.3 会计实务操作考核

1.3.1 考核的基本内容

1. 建账

建账是会计综合模拟实训的最初环节，也是会计工作得以开展的基础，因此，要求操作者根据会计操作的经济业务内容，开设相应的总账、明细账和日记账，并将账户的期初余额准确地过入相应账户内。建账时要求建账适用、数字准确、书写规范、账面整洁。该项内容占考核总分的20%。

2. 填制和审核原始凭证

原始凭证是编制记账凭证的基础，也是登记账簿的原始依据，更是重要的会计档案资料。在操作中，操作者要根据经济业务的内容，填制和审核原始凭证或原始凭证汇总表，以出纳工作为起点，对各种结算凭证、发票、收据以及其他原始凭证进行编制。要求内容完整、数字准确、手续齐备。该项内容占考核总分的10%。

3. 填制和审核记账凭证

记账凭证是登记账簿的直接依据，是根据审核无误的原始凭证编制的，因此，与原始凭证之间存在着相互依存和相互制约的关系。操作者要根据实际业务的内容，及时准确地编制记账凭证，保证会计核算工作的顺利进行。具体要求是依据可靠、要素清楚、编号连续、记账准确。该项内容占考核总分的20%。

4. 记账和结账

记账是会计综合模拟实训的中心环节，是编制会计报表、披露会计信息的基础。操作者要根据审核无误的记账凭证或记账凭证汇总表逐日、逐笔登记日记账、明细账，定期登记总账。要求记账准确无误、登记及时、账面清洁、更正方法正确。在每笔经济业务准确入账的基础上，及时结出账面发生额和期末余额，并与相应账簿、凭证核对相符。该项内容占考核总分的20%。

5. 编制会计报表并进行报表分析

编制并披露会计报表是会计工作的主要目标，也是充分发挥财务管理作用的主要方式。为了向报表使用者提供有用信息，操作者应按操作的要求编制主要报表和纳税报表，具体要求是数字准确、编报及时、说明清楚、依据充分、分析透彻。该项内容占考核总分的10%。

6. 装订和保管

装订和保管是会计综合模拟实训的最终环节，也是操作者的实训作品展示方式。要求操作者把握好最后的收口工作，把会计凭证、会计报表和会计账簿归类整理，加具封皮，并填写清楚要求的项目，上交给操作指导教师。要求及时、齐全、准确、标准。该项内容占考核总分的5%。

7. 考勤

为了确保操作任务如期完成，达到预期的操作目的，指导教师应对操作者的出勤情况进行日常考核，并列入最终考核成绩范畴，无故有1/3的时间没有参加集中操作的，最终考核成绩一律按不及格处理。该项内容占考核总分的5%。

8. 综合模拟实训报告

编写综合模拟实训报告是操作者必须完成的操作环节，也应纳入最终考核的范畴。操作者编写操作报告的内容范围，可以是操作的所有内容，也可以是某几个方面的内容构思。要求有个人观点、有新意和应用价值。该项内容占考核总分的10%。

1.3.2 考核的基本标准

1. 分数等级

优：90分以上（含90分）

良：80分至89分

中：70分至79分

及格：60分至69分

不及格：59分以下

2. 分数比例

正确性、完整性：60%

及时性：10%

整洁性、规范性：20%

实践态度：10%

1.4 组织及设备器材配备

本会计综合模拟实训是以沈阳新科设备有限责任公司的实际生产经营情况，按实际工作的要求，采用企业实际应用的记账凭证、会计账簿和会计报表等账表，完成从建账，填制、审核记账凭证，编制科目汇总表，登记账簿到编制会计报表等一系列会计核算操作。

参加实训的学生，应先复习“会计基本技能”、“会计实务技能”和“成本会计”等课程；学习“企业会计准则”，做好实训的理论储备。

参加实训的学生，应准备齐全实训所需的证、账、表、笔、计算器、印鉴、回形针、胶水等用品用具，做好实训需要的用品准备。备品准备数量参见表1-1。

表1-1 用品用具明细表

序号	物品名称	数量
1	现金日记账	1本
2	银行存款日记账	1本
3	三栏明细账	1本
4	多栏明细账	1本

续表

序　号	物品名称		数　量
5	数量金额明细账		半本
6	采购明细账		20 页
7	固定资产明细账		40 页
8	应交增值税明细账		5 页
9	总账		1 本
10	通用记账凭证		4 本
11	记账凭证封皮		2 页
12	科目汇总表		20 页
13	口取纸	红	3 张
14		蓝	3 张
15	资产负债表		1 份
16	利润表		1 份
17	现金流量表		1 份
18	所有者权益变动表		1 份
19	账绳		20 根
20	胶棒		1 只
21	剪刀或钢尺		1 把
22	礼品袋		1 只

会计综合模拟实训作为一门课程，在一学期内完成，参加实训的学生，要遵守纪律，认真操作，并利用一定的业余时间进行操作，按时完成实训任务。

1.5　实训会计主体简介

1. 会计主体概况

企业全称：沈阳新科设备有限公司

企业性质：有限公司

职工人数：年初 171 人，年末 175 人

法人代表：张新科

注册资本：人民币 1 000 万元，其中张新科出资 600 万元，沈阳银基发展股份公司出资 400 万元

开户银行：中国工商银行沈阳分行沈河分理处，账号：330244567-5656

纳税登记号：210103240946666

地址及电话：沈阳市沈河区 85 号，24142255

(1) 企业工商登记资料

公司于 2005 年 5 月 30 日在沈阳市工商行政管理局登记注册。公司名称：沈阳新科设备有限公司。公司住所：沈阳市沈河区 85 号。公司注册资本：人民币 1 000 万元，系由董事长张新科和沈阳银基发展股份公司分别出资 600 万元和 400 万元形成。企业类型：有限责任公司。公司经营范围：真空设备加工与制造、经营本企业自产产品及相关技术等

的进口业务;经营本企业生产、科研所需原辅材料、机械设备、仪器仪表、零配件及相关技术的进口业务;经营本企业的进料加工和“三来一补”业务。经营期限:自 2005 年 5 月 31 日至 2035 年 12 月 31 日。营业执照见图 1-1。

企业法人

营业执照

(副 本)

注册号 210103240946666

发照机关

二○○五年五月三十日

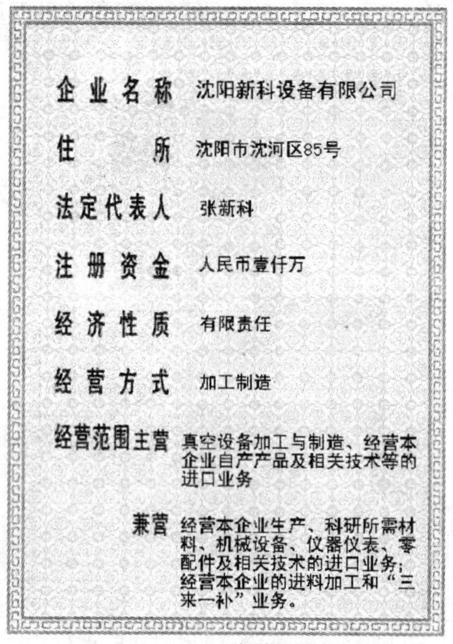

企业名称 沈阳新科设备有限公司

住所 沈阳市沈河区85号

法定代表人 张新科

注册资金 人民币壹仟万

经济性质 有限责任

经营方式 加工制造

经营范围 主营 真空设备加工与制造、经营本企业自产产品及相关技术等的进口业务

兼营 经营本企业生产、科研所需材料、机械设备、仪器仪表、零配件及相关技术的进口业务;经营本企业的进料加工和“三来一补”业务。

中华人民共和国国家工商行政管理总局制

图 1-1 营业执照

(2) 企业税务登记资料

① 税务登记证(国)(如图 1-2 所示)。

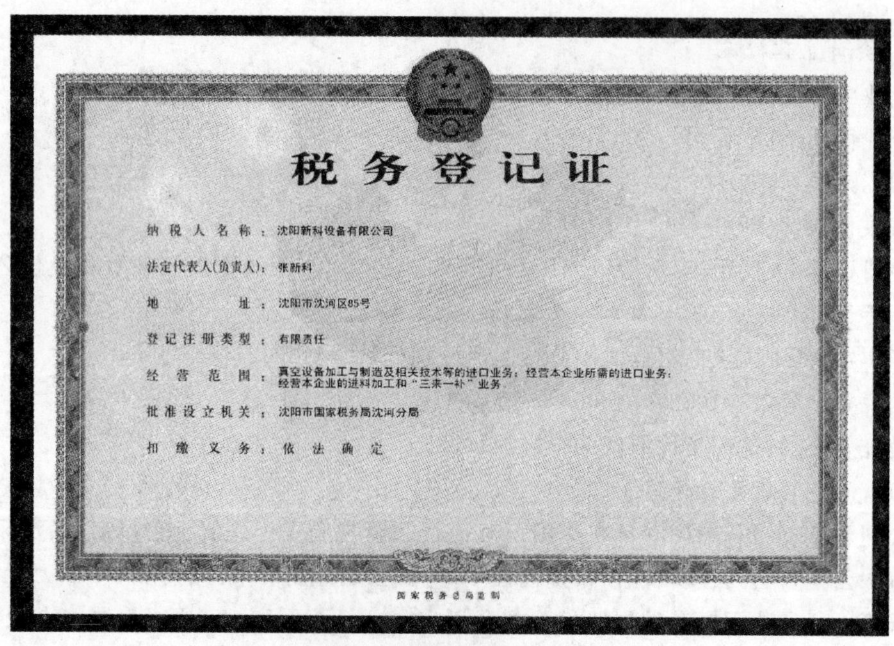

税务登记证

纳税人名称: 沈阳新科设备有限公司

法定代表人(负责人): 张新科

地址: 沈阳市沈河区85号

登记注册类型: 有限责任

经营范围: 真空设备加工与制造及相关技术等的进口业务;经营本企业所需的进口业务;经营本企业的进料加工和“三来一补”业务

批准设立机关: 沈阳市国家税务局沈河分局

扣缴义务: 依法确定

国家税务总局监制

图 1-2 税务登记证(国)

② 税务登记证(地)(如图 1-3 所示)。

税务登记证(地)

地税沈字 210103240946666 号

纳税人名称:沈阳新科设备有限公司

法定代表人:张新科

地　　　址:沈阳市沈河区 85 号

登记注册类型:有限责任公司

经营方式:加工制造

经营范围:真空设备加工与制造、经营本企业自产产品及相关技术等的进口业务;经营本企业生产、科研所需材料、机械设备、仪器仪表、零配件及相关技术的进口业务;经营本企业的进料加工和“三来一补”业务。

营　业　期　限:自 2005 年 5 月 31 日至 2035 年 12 月 31 日

证件有效期限:二零三五年十二月三十一日

发证机关:沈阳市地方税务局沈河分局

二零零五年六月二十日

图 1-3　税务登记证(地)

③ 企业组织机构代码资料(如图 1-4 所示)。

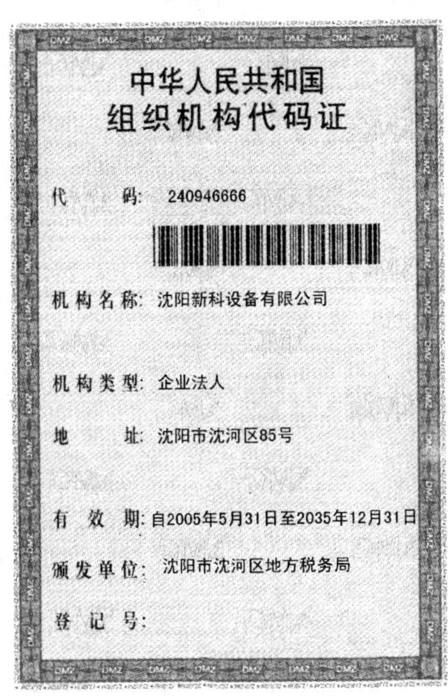

中华人民共和国
组织机构代码证

代　　码: 240946666

机构名称: 沈阳新科设备有限公司

机构类型: 企业法人

地　　址: 沈阳市沈河区85号

有 效 期: 自2005年5月31日至2035年12月31日

颁发单位: 沈阳市沈河区地方税务局

登 记 号:

说　　明

1. 中华人民共和国组织机构代码是组织机构在中华人民共和国境内唯一的，始终不变的法定代码标识，《中华人民共和国组织机构代码证》是组织机构法定代码标识的凭证，分正本和副本。
2. 《中华人民共和国组织机构代码证》不得出租、出借、冒用、转让、伪造、变造、非法买卖。
3. 《中华人民共和国组织机构代码证》登记项目发生变化时，应向发证机关申请变更登记。
4. 各组织机构应当按有关规定，接受发证机关的年度检验。
5. 组织机构依法注销、撤消时，应向原发证机关办理注销登记，并交回全部代码证。

中华人民共和国　国家质量监督检验检疫总局签章

年检记录

年 月 日	年 月 日	年 月 日	年 月 日

NO.2002 1538504

图 1-4　组织机构代码证

④ 企业银行开户资料(如图 1-5 所示)。

开户许可证

核准号：J5840036950102　　　　编 号：5840-00478179

经审核，沈阳新科设备有限公司符合开户条件，准予开立基本存款账户。

法定代表人（单位负责人）张新科　　开户银行 工商银行沈河分理处

账　号 330244567-5656

发证机关（盖章）
2005 年 6 月 日

图 1-5　银行开户许可证

⑤ 企业预留印鉴(如图 1-6 所示)。

图 1-6　预留印鉴

1.6　会计主体机构设置及主要会计政策

1. 会计主体机构设置概况

沈阳新科设备有限公司设有一个基本生产车间，生产 DH-3 镀膜机、DH-4 镀膜机、DH-5 镀膜机、DH-6 镀膜机 4 个系列产品，生产类型为单步骤生产；设有两个辅助生产车间，即运输部门和动力车间，其中运输部门负责对全公司运输设备进行管理使用，动力车间负责记录全公司各单位用电量及电器修理等工作；设产品销售部，负责产品销售工作；设综合办公室，负责综合运营协调与管理工作；设财务部，负责全公司的财务管理及会计核算工作。

2. 沈阳新科设备有限公司会计政策

(1) 总则。

① 为了规范沈阳新科设备有限公司(以下简称公司)会计确认、计量和报告行为，

保证会计信息质量，加强公司会计工作，维护公司股东和债权人的合法权益，根据《企业会计准则》、《公司章程》以及国家其他相关法律法规，结合公司业务特点制定公司会计政策。

② 本办法适用于公司及控股子公司，参股公司可参照执行。

(2) 公司按照《企业会计准则》的规定进行日常的会计核算和会计报表的编制。

(3) 公司以人民币为记账本位币。

(4) 公司会计年度自公历每年1月1日起至12月31日止。

(5) 公司会计核算以权责发生制为基础，采用借贷记账法记账。公司在将符合确认条件的会计要素登记入账并列报于财务报表时，按照《企业会计准则》规定的计量属性进行计量。主要会计计量属性包括历史成本、重置成本、可变现净值、现值和公允价值。公司在对会计要素进行计量时，一般采用历史成本，当能够保证取得并可靠计量会计要素的金额时，采用公允价值、重置成本、可变现净值或现值。

(6) 外币交易应当在初始确认时，采用交易发生日的即期汇率将外币金额折算为记账本位币金额；在资产负债表日，外币货币性项目采用资产负债表日即期汇率折算。因资产负债表日即期汇率与初始确认时或者前一资产负债表日即期汇率不同而产生的汇兑差额，计入当期损益；以历史成本计量的外币非货币性项目，仍采用交易发生日的即期汇率折算，不改变其记账本位币金额。以公允价值计量的外币非货币性项目，如交易性金融资产(股票、基金等)，采用公允价值确定日的即期汇率折算，折算后的记账本位币金额与原记账本位币金额的差额，作为公允价值变动(含汇率变动)处理，计入当期损益。

(7) 公司合并会计报表按照《企业会计准则——合并财务报表准则》的要求编制，以控制为基础确定合并财务报表的合并范围。

(8) 公司在编制现金流量表时所确定的现金等价物，是指公司持有的年限短、流动性强、易于转换为已知金额现金、价值变动风险很小的投资。

(9) 金融资产和金融负债的核算方法。

① 金融资产和金融负债的分类。金融资产在初始确认时划分为以下四类：以公允价值计量且其变动计入当期损益的金融资产(包括交易性金融资产和指定为以公允价值计量且其变动计入当期损益的金融资产)、持有至到期投资、贷款和应收款项、可供出售金融资产。

金融负债在初始确认时划分为以下两类：以公允价值计量且其变动计入当期损益的金融负债(包括交易性金融负债和指定为以公允价值计量且其变动计入当期损益的金融负债)、其他金融负债。

② 金融资产和金融负债的确认依据和计量方法。企业成为金融工具合同的一方时，确认一项金融资产或金融负债。初始确认金融资产或金融负债时，按照公允价值计量。

③ 金融资产和金融负债的后续计量。除以下情况外，公司按照公允价值对金融资产进行后续计量：持有至到期投资以及贷款和应收款项，采用实际利率法，按摊余成本计量；在活跃市场中没有报价且其公允价值不能可靠计量的权益工具投资，以及与该权益工具挂钩并须通过交付该权益工具结算的衍生金融资产，按照成本计量。

除以下情况外，公司采用实际利率法，按摊余成本对金融负债进行后续计量：以公允价值计量且其变动计入当期损益的金融负债，按照公允价值计量，且不扣除将来结清金融负债时可能发生的交易费用；与在活跃市场中没有报价、公允价值不能可靠计量的权益工具挂钩并须通过交付该权益工具结算的衍生金融负债，按照成本计量；不属于指定为以公允价值计量且其变动计入当期损益的金融负债的财务担保合同，或没有指定为以公允价值计量且其变动计入当期损益并将以低于市场利率贷款的贷款承诺，在初始确认后按照下列两项金额之中的较高者进行后续计量：按照《企业会计准则第 13 号——或有事项》确定的金额；初始确认金额扣除按照《企业会计准则第 14 号——收入》的原则确定的累计摊销额后的余额。

(10) 公司采用备抵法核算应收款项减值损失。

① 对于单项金额重大的应收款项，单独进行减值测试。有客观证据表明其发生了减值的，根据其未来现金流量现值低于其账面价值的差额，确认减值损失，计提坏账准备。

② 对于单项金额非重大的应收款项可以单独进行减值测试，确定减值损失，计提坏账准备；也可以与经单独测试后未减值的应收款项一起按类似信用风险特征划分为若干组合，再按这些应收款项组合在资产负债表日余额的一定比例计算确定减值损失，计提坏账准备。

③ 公司按账龄进行分组，计提比例见表 1-2。

表 1-2　坏账准备计提比例

账　　龄	比例/%
1 年(含 1 年，下同)以内	2
1 至 2 年	4
2 至 3 年	8
3 年以上	100

④ 应收票据中的银行承兑汇票不计提坏账准备。

⑤ 对确实无法收回的应收款项，根据公司管理权限，经股东会或董事会批准后作为资产减值损失，并冲销提取的坏账准备。

(11) 存货的核算。

① 存货按照成本进行初始计量。库存原材料和包装物采用计划成本核算。

② 存货发出采用以下方法确定发出成本：产成品发出采用个别计价法确定发出成本；其他存货采用先进先出法确定存货发出成本。

③ 公司存货数量采用永续盘存制确定。

④ 公司在期末对存货进行全面清查，如由于存货成本高于可变现净值的，应当按可变现净值低于存货成本部分，计提存货跌价准备。

⑤ 周转材料采用一次摊销法核算。

(12) 长期股权投资的核算方法。

① 企业合并形成的长期股权投资，按下列规定确定初始金额：同一控制下的企业合并，合并方以支付现金、转让非现金资产、承担债务或以发行权益性证券的方式作为合并对价的，应当在合并日按照取得被合并方所有者权益账面价值的份额作为长期股权投资的初始投资成本；非同一控制下的企业合并，按以下规定确认长期股权投资的合并成本：

一次交换交易实现的企业合并，合并成本为购买方在购买日为取得对被购买方的控制权而付出的资产、发生或承担的负债以及发行的权益性证券的公允价值；通过多次交换交易分步实现的企业合并，合并成本为每一单项交易成本之和；购买方为进行企业合并发生的各项直接相关费用也计入企业合并成本；在合并合同或协议中对可能影响合并成本的未来事项作出约定的，购买日如果估计未来事项很可能发生并且对合并成本的影响金额能够可靠计量的，购买方应当将其计入合并成本。

② 除企业合并形成的长期股权投资以外，其他方式取得的长期股权投资，按以下规定确认长期股权投资初始金额：以支付现金取得的长期股权投资，按照实际支付的购买价款作为初始投资成本；以发行权益性证券取得的长期股权投资，以公允价值作为初始投资成本；债务重组、非货币性交易取得的长期股权投资，应按照《债务重组》、《非货币性资产交换》规定确认；投资者投入取得的长期股权投资应按照合同或协议约定的价值作为初始投资成本，合同或协议约定的价值不公允的除外。

(13) 固定资产核算方法。

固定资产是指同时具有下列特征的有形资产：为生产商品、提供劳务、出租或经营管理而持有的；使用寿命超过一个会计年度。

① 固定资产按照成本进行初始计量。

② 按年限平均法计提折旧。

③ 折旧率按固定资产类别进行计算。

④ 公司固定资产的净残值率，除下列资产特殊规定外，一律按3%计算。

大型设备单项资产原值超过300万元以上(含300万元)，净残值率按1.5%计算。

电子设备、小型电力设备的固定资产不预留残值。如：计算机、电视机、音响、录放机、录像机、热水器、热饭箱、烤箱、冰箱、冷冻柜、洗衣机等。

(14) 在建工程核算方法。

在建工程按各项工程实际发生的支出分项目核算，并在工程交付使用时按照工程实际成本进行结转。与在建工程有关的利息支出、折价或溢价摊销及外汇折算差额在达到预定可使用状态前予以资本化，计入在建工程成本。

(15) 借款费用的核算方法。

公司发生的借款费用，可直接归属于符合资本化条件的资产的购建或者生产的，予以资本化，计入相关资产成本；其他借款费用，在发生时根据其发生额确认为费用，计入当期损益。符合资本化条件的资产，是指需要经过相当长时间的购建或者生产活动才能达到预定可使用或者可销售状态的固定资产、投资性房地产和存货等资产。为购建或者生产符合资本化条件的资产而借入专门借款的，以专门借款当期实际发生的利息费用，减去将尚未动用的借款资金存入银行取得的利息收入或进行暂时性投资取得的投资收益后的金额确定。为购建或者生产符合资本化条件的资产而占用了一般借款的，根据累计资产支出超过专门借款部分的资产支出加权平均数乘以所占用一般借款的资本化率，计算确定一般借款应予资本化的利息金额。

(16) 无形资产计价和核算方法。

① 无形资产取得时按实际成本计价，并在预计使用年限内平均摊销。

② 无形资产初始确认和计量后，在其后使用该项无形资产期间以成本减去累计摊销额和累计减值损失后的余额计量。

(17) 收入确认原则。

① 商品销售收入在同时满足下列条件时予以确认：已将商品所有权上的主要风险和报酬转移给购货方；未保留通常与所有权相联系的继续管理权，也没有对已出售商品实施控制；收入的金额能够可靠地计量；相关的经济利益很可能流入企业；相关的已发生或将发生的成本能够可靠地计量。

② 对公司提供的劳务收入，按以下情况确认和计量：公司在资产负债表日提供劳务交易的结果能够可靠估计的，应当采用完工百分比法确认提供劳务收入；公司在资产负债表日提供劳务的结果不能可靠估计的，应当分别下列情况处理：已经发生的劳务成本预计能够得到补偿的，按照已经发生的劳务成本金额确认提供劳务收入，并按相同金额结转劳务成本；已经发生的劳务成本预计不能够得到补偿的，应当将已经发生的劳务成本计入当期损益，不确认提供劳务收入。

(18) 所得税。

公司按资产负债表债务法核算所得税。

(19) 附则。

① 本会计政策解释权、修改权属公司董事会。

② 本会计政策自 2007 年 1 月 1 日起生效。

第二章
会计综合模拟操作训练

2.1 建立手工账

任务1 启用账簿

【业务描述】 12月1日，根据企业生产经营的特点设置实训所需的总分类账及所属明细分类账。

【职业能力目标】 通过训练熟悉企业设置账簿的种类、格式与用途，掌握企业总账、明细账设置的具体方法等实务操作技能。

【实训要求】 训练准确选择账簿，启用账簿，填写账簿启用和经管人员一览表。

【实训操作流程】 会计主管人员根据《企业会计准则——应用指南》规定的会计科目在账簿中开设总分类账户，再根据会计科目划分的子、细目并结合经营管理的实际需要开设必要的明细分类账户，经管人各自填写账簿启用和经管人员一览表。

【操作提示】 启用会计账簿扉页时，应按以下规则填写。

(1) 在账簿封面上写明单位名称和账簿名称。

(2) 填写账簿扉页上的"账簿启用和经管人员一览表"，注明启用日期、账簿起止页数(活页式账簿，可于装订时填写起止页数)、记账人员和会计机构负责人、会计主管人员姓名等，并加盖名章和单位公章。当记账人员或者会计机构负责人、会计主管人员调动工作时，也要在"启用表"上注明交接日期、接办人员和监交人员姓名，并由交接双方签字或者盖章。

本实训教材建议启用日期为2013年12月1日。

(3) 粘贴印花税票。

① 粘贴印花税票的账簿，印花税票一律粘在账簿扉页启用表的右上角，并在印花税票中间划两根出头的横线，以示注销。

② 使用缴款书缴纳印花税，在账簿扉页启用表上的右上角注明"印花税已缴"及缴款金额。缴款书作为记账凭证的原始凭证登记入账。

任务 2　登记期初余额

【业务描述】 12 月 1 日，根据第三章会计综合模拟实训基础资料中的表 3-1 和表 3-2 所列分别登记各总分类账 1 至 11 月累计发生额及 12 月期初余额；根据第三章会计综合模拟实训基础资料中的表 3-1、表 3-3、表 3-4、表 3-5、表 3-6、表 3-7、表 3-8、表 3-9 所列明细分类账资料登记各明细分类账 1 至 11 月累计发生额及 12 月期初余额。

【职业能力目标】 通过训练掌握企业总分类账、各类明细分类账簿累计发生额及期初余额的过账方法、期初对账等实务操作技能。

【实训要求】 训练登记总分类账、各类明细分类账簿累计发生额及期初余额。

【实训操作流程】 各主管会计根据期初余额表登记各个总分类账、各明细分类账簿累计发生额及期初余额。

【操作提示】 账簿登记规则：启用账簿后，首先要登记累计发生额及期初余额。总账摘要栏的填写因各单位账务处理程序不相同，摘要填写的内容也不相同，一般应在摘要栏填写“上年结转”、“本月合计”、“本年累计”等，除此之外，还应填写凭证汇总的起止号。明细账的摘要栏不一定完全按照记账凭证摘要照抄。因为某些内容在明细账上设有专栏，其摘要填写无须照记账凭证抄录一遍。如材料明细账上已经列有原材料品名、规格、数量、单价等事项专栏，应收款及应付款明细账上列有明细账户，即供应单位或购货单位的名称或个人名称，因而在记账的摘要栏，就可省略以上内容。但必须强调，明细账上的摘要与记账凭证摘要的内容实质上必须保持一致。鉴于模拟业务的连续性，建议登记各账户 1 至 11 月累计发生额及 12 月期初余额时在摘要栏处写：承上月。

日常登记时，要对准一级科目及明细科目，将会计凭证的日期、种类和编号、摘要、借贷金额和其他有关资料一一记入账内，要求做到清晰准确一丝不苟，谨防串户、反向或看错写错数字。登毕后，要同时在记账凭证上注明账簿页数，或注明已经登记的符号“√”，以免重记、漏记。并且要在记账凭证上签名或盖章，以示负责。记账时，必须用钢笔和蓝、黑墨水书写，不得使用铅笔或圆珠笔。账簿记录发生错误，不准涂改、挖补、刮擦或用褪色药水更改字迹，必须按规定方法更正。

记账时，文字和数字都不能顶格书写，摘要的文字要紧靠左边和底线书写，阿拉伯数字要在相应栏次并紧靠底线书写，数字的高度约占格高的二分之一或三分之二，除“6”可以略高，“7”和“9”可以略微往下延以外，其余数字不得越格，且向右倾斜 45°～60°。

不得跳行、隔页，应按规定的页次逐行、逐页顺序连续登记。如不慎出现跳行、隔页，应将空行用斜线注销或用“此行空白”字样注销；将空页用“×”符号注销或用“此页空白”字样注销；并在空行中间或空页的“×”符号交叉点处盖章负责。对于订本式账簿不得任意撕毁，对活页式账簿也不得任意抽换账页。

账页记满时，应办理转页手续。每一账页登记完毕结转下页时，应结出本页的借贷方发生额和余额，写在本页最后一行和下页第一行有关栏内，并在摘要栏内分别注明“过次页”和“承前页”字样。对不需加计发生额的账户，可只把每页末的余额转入次页第一行余额栏内，并在摘要栏内注明“承前页”即可。具体办法是：第一，需要结计本月发生额的账户，结计“过次页”的本页合计数应为本月初至本页末止的发生额合计数；第二，不需要结计本月发生额，但需要结计全年累计数的账户，结计“过次页”的本页合计数应为自年初至本页末止的累计数;第三,对某些既不需结计当月发生额又不需要结计全年累计发生额的账户,可以将每页末余额直接结转次页,但为了验证月末余额的计算是否正确,可以用铅笔结出每页的发生额,这个合计数不占正式空格,写在底线下边。

2.2 上半月经济业务处理

2.2.1 会计确认与记录明细账

业务1 冲回暂估入库原材料

【业务描述】 12月1日,将上月从北京汉泰集团公司采购的因发票未到而作为原材料暂估入库的6块减压器冲回。原始凭证见第三章会计综合模拟实训基础资料中的凭证1-1。

【职业能力目标】 通过训练填制红字冲回单、制作记账凭证、登记账簿等操作,掌握冲回暂估入库原材料业务的会计处理方法,提升制单、审单、记账等职业技能。

【实训要求】 制作相关原始凭证、记账凭证并据以登记账簿。

【实训操作流程】 总账会计根据红字冲回单凭证填写记账凭证并登记明细账。

【操作提示】 对于上月末因发票未到而作为原材料暂估入库的原材料,在进入下月后,需要填制与暂估入库单完全相同的"红字回冲单",冲回存货明细账中上月的暂估入库;对"红字回冲单"制单,冲回上月的暂估凭证。

记账凭证填制标准:必须根据审核无误的原始凭证填制记账凭证。记账凭证可以根据一张或若干张反映同一经济业务的原始凭证填制,也可以把若干张同类经济业务的原始凭证进行汇总,根据汇总表填制。对于调整、结账、会计记录倒户以及更正错账,一般没有原始凭证,但填制记账凭证时要作较为具体的说明或附有自制的计算单证。应确定采用哪种格式的记账凭证(即选用通用记账凭证还是选用专用记账凭证),以统一格式要求。若选择采用专用凭证,在接到原始凭证填制记账凭证时,还要具体确定填制收、付、转哪一种专用凭证,若为收款业务应填制收款凭证,若为付款业务应填制付款凭证,若为转账业务应填制转账凭证。

(1) 填写记账凭证的日期。填写日期一般是会计人员填制记账凭证的当天日期,也可以根据管理需要,填制经济业务发生的日期或月末日期。因此,它可以与所依据的原始凭证日期一致,也可能不一致。一般来说,记账凭证的填写日期具体要求是:报销差旅费填写报销当日日期;现金收付填写收付日期;银行收款业务填写财会部门收到银行进账单或银行回执的戳记日期,但当实际收到进账单日期与银行戳记日期相隔较远,或当日收到上月银行收款凭证,则应按财会部门实际办理转账业务的日期填写;银行付款业务,应填写财会部门开出付款单据或承付的日期;属于计算费用、分配利润等转账业务应填写当月最末日期。

(2) 填写记账凭证的编号。记账凭证编号必须连续,不得跳号、重号。当月记账凭证的编号,可以在填制当日填写,也可以在月末或装订记账凭证时填写。在具体编号时,专用记账凭证分为现金收入、现金付出、银行存款收入、银行存款付出和转账业务五类,分别起头,连续编号,这种凭证编号应分为现收字第×字、现付字第×号、银收字第×号、银付字第×号、转字第×号。通用记账凭证需连续编号。

(3) 填好摘要。摘要一栏，是填写该记账凭证反映的经济业务内容的。它没有统一模式，应因事而异，详略不同。填写的基本要求是真实准确，简明扼要。其中：收付款业务要写明收付款对象及款项内容，使用支票的，应填写支票号码；购买物资业务要写明供货方及主要品种、数量；债权债务业务应写明对方名称、经手人及发生时间；溢缺事项应写明发生部门、原因及责任人；对于冲销或补充等更正差错事项，应写明“注销×月×日×号凭证”或“订正×月×日×号凭证”字样。

(4) 准确填写账户名称并正确反映借贷方向。账户名称，即会计科目，应填写全称，不得简写或只写编号而不写名称，不得用“..”符号代表。要写明必要的二级科目及明细科目，以便登记明细账。账户的借贷方向要正确，或以账户体现出来，或以金额体现出来。填写账户名称时先写借项，后写贷项。不能把不同内容、不同类型的业务合并，编制一组会计分录，填制在一张凭证上；也不能人为地把一笔业务任意割裂开来填制在几张凭证上。原则上一笔经济业务编制一张记账凭证。

(5) 金额栏数字的填写。记账凭证的金额必须与所附原始凭证的金额相符。填写金额时，阿拉伯数字要规范，写到格宽的二分之一，并平行对准借贷栏次和科目栏次，防止错栏串行。金额数字要写到分位，角分位没数字也要填上“00”，角分位的数字或零，要与元位的数字平行，不得上下错开。要在金额合计行填写合计金额，并在前面写上“¥”符号。不是合计金额，则不填写货币符号。填写金额(包括文字)不得跳行，对多余空行，应划斜线或“S”形线注销。划线应从金额栏最后一笔金额数字下的空行划到合计数行上面的空行，要注意两端都不能划到金额数字的行次上。

(6) 所附原始凭证张数的计算和填写。记账凭证后附的主要有原始凭证、原始凭证汇总表、计算单、分配表、批准文件等。附件张数应用阿拉伯数字填写在指定位置。附件张数的计算方法有两种：一种是按构成记账凭证金额的原始凭证或原始凭证汇总表计算张数，原始凭证或原始凭证汇总表所附的单据，只作为附件的附件处理。如差旅费、市内交通费、医药费等单据，因数量多，可粘在一张表上，作为一张原始凭证附件，但该表上同样要注明原始单据的张数。另一种方法是以所附原始凭证的自然张数为准，有一张算一张。若一张或几张原始凭证需填制两张以上记账凭证而其只能附在一张之后，则应分别写明“本记账凭证附件包括×号记账凭证业务”或“原始凭证附在×号记账凭证后面”等字样。

(7) 记账凭证的签章。记账凭证填制完成后，要由有关人员签名或盖章，以示负责。签名时要写姓名全称，不得任意简化，以免混淆。一般程序是，填制人员填毕后先签章，再由稽核人员审核后签章，之后由会计主管人员复核后签章，最后记账人员再据以记账后签章。另外，收付款凭证，还必须由出纳人员签章，表明其是否对该项款项进行了收付。

业务2　取得借款

【业务描述】 12月1日，公司从工商银行沈阳开发区支行取得生产周转贷款200万元，收到开户行转来进账单及借款申请书回单。借款合同利率为3.6%，借款期限为12个月。原始凭证见第三章会计综合模拟实训基础资料中的凭证2-1和凭证2-2。

【职业能力目标】 通过训练开具支票、制作记账凭证、登记账簿等操作，掌握取得借款业务的会计处理方法，提升制单、审单、记账等职业技能。

【实训要求】 制作相关记账凭证并据以登记账簿。

【实训操作流程】 总账会计根据银行借款凭证回单及借款申请书回单填写收款凭证，出纳据以登记银行存款日记账。

【操作提示】 贷款人、借款利率、借款期限等内容应记入备查簿中，以备月末计算利息用。

日记账记账规则。现金日记账、银行存款日记账，应由出纳人员根据审核无误的收付款凭证逐日逐笔顺序登记。

(1) 现金日记账的日期栏：与记账凭证日期一致，记账凭证的日期要与现金实际收付日期一致；凭证栏：据以入账的凭证种类及编号；摘要栏：简要说明入账经济业务的内容；对方科目栏：是指与现金对应的会计科目；收入、支出、结余栏：是指现金收、支及当期结余额。现金日记账的登记要做到日清月结。每日业务终了分别计算现金收入和支出的合计数，并结出余额，同时将余额与出纳库存现金核对清楚，如账款不符应查明原因，并记录备案，即“日清”；月末要计算本月现金的收、付和结余合计数，即“月结”。

(2) 银行存款日记账的登记方法与现金日记账的登记方法基本相同。需要说明的是，银行存款日记账中的结算凭证栏登记的是使银行存款增加或减少的结算方式，如委托收款凭证及号码、转账支票及号码、信汇及号码等。号码位数较多时只写后四位即可。银行存款日记账要定期与银行转来的对账单相核对，以保证银行存款账簿记录的正确性。

特别提醒：*记账凭证所附的原始凭证粘贴方法为：将所属原始凭证按顺序，正面朝上、靠左、靠上粘贴于记账凭证后面。裁剪原始凭证时注意预留的装订线，即在文字前要预留2厘米左右的留白。*

业务3 提取备用金

【业务描述】 12月1日，开出现金支票一张，到开户银行提取现金50 000元，以备日常支出。原始凭证见第三章会计综合模拟实训基础资料中的凭证3-1。

【职业能力目标】 通过训练开具支票、制作记账凭证、登记账簿等操作，掌握提取备用金业务的会计处理方法，提升制单、审单、记账等职业技能。

【实训要求】 开具支票、制作相关记账凭证并据以登记账簿。

【实训操作流程】 出纳填写现金支票，送银行提取现金，总账会计根据存根填写付款凭证，出纳据以登记银行存款日记账。

【操作提示】 现金(转账)支票的填写规范(适用于手写版)。支票要用蓝色或黑色钢笔或碳素笔填写，不得使用铅笔及圆珠笔。字迹端正、易于辨认，要做到数字书写符合会计上的技术要求，文字工整，不草、不乱、不乱造汉字，不涂改。

(1) 支票支付联填写。出票日期：按付款业务发生或完成的日期填制。出票日期：必须大写，其中，年份应按阿拉伯数字表示的年份所对应的大写汉字书写；壹月、贰月前“零”字必写，叁月至玖月前“零”字可不写，拾月至拾贰月必须写成壹拾月、壹拾壹月、壹拾贰月；1日至9日、10日、20日、30日前应加“零”字，11日至19日必须写成壹拾壹日及壹拾×日，21日至29日必须写成贰拾壹日及贰拾×日，31日应写成叁拾壹日。例如，2012年10月30日大写：贰零壹贰年壹拾月零叁拾日。收款人：现金支票收款人可写为本单位

(出票单位)名称,也可写收款人个人姓名。写本单位名称时现金支票背面“被背书人”栏内加盖本单位的财务专用章和法人章,之后收款人可凭现金支票直接到开户银行提取现金。转账支票收款人应填写为对方单位名称。转账支票背面本单位不盖章。付款行名称、出票人账号:即为本单位(出票单位)开户银行名称及银行账号。金额:小写金额在阿拉伯数字前用“¥”(或其他币种)符号封顶,数字一律填写到角分;无角分的,角位和分位均要写“0”。汉字大写数字金额如零、壹、贰、叁、肆、伍、陆、柒、捌、玖、拾、佰、仟、万、亿等,一律用正楷字或者行书体书写,不得用○、一、二、三、四、五、六、七、八、九、十等简化字代替,不得任意自造简化字。大写金额数字到元或角为止的,在“元”或者“角”字之后应写“整”或者“正”字;大写金额数字有分的,分字后面不写“整”或者“正”字。大小写金额必须相符。支票用途:在大写金额栏下的“用途”栏内,简明扼要填写支票的用途,如“备用金”、“货款”、“工资”、“劳务费”等。密码:如开户银行为采用支付密码的银行,企业应于购买支票时从开户银行随机取得每张支票的密码,填写支票时,应在确认支付的支票“小写金额栏”下方的“空格栏”内填写该支票的密码,但不得在支票未使用时先将密码填好。有些企业采用配置的密码机自动产生密码。由会计人员在密码机上输入支票编号、金额等信息后,密码机自动产生密码,将该密码填入“支付密码”栏,银行核对相符后方可办理款项转账与支现业务。签名盖章:支票正面应加盖出票单位银行预留印鉴,一般为财务专用章和法人章,缺一不可,印泥为红色,印章必须清晰,印章模糊者本张支票作废,需要换一张,重新填写重新盖章。

(2) 存根联的填写。出票日期:阿拉伯数字小写填写出票日期。收款人:应填写收款单位全称,不得简写。金额:小写。填写付款金额与支付联的金额必须相符。用途:填写与支付联内容一致的支票用途。

业务4　采购材料

【业务描述】 12月2日,收到从鞍山钢铁公司购入的30mm不锈钢板及相关单证,验收入库。同时收到开户行转来汇票多余款通知,通知上填写银行汇票多余款110.40元。原始凭证见第三章会计综合模拟实训基础资料中的凭证4-1～凭证4-4。

【职业能力目标】 通过训练填制入库单、制作记账凭证、登记账簿等操作,掌握采购材料业务的会计处理方法,提升制单、审单、记账等职业技能。

【实训要求】 填制入库单、制作相关记账凭证并据以登记账簿。

【实训操作流程】 检验合格的原材料入原材料库,库管填制入库单,总账会计根据入库单、增值税专用发票、汇票多余款通知、运输发票等填写转账凭证,材料会计据以登记明细账。

【操作提示】 数量金额式明细账,由材料会计根据审核无误的记账凭证等,按经济业务发生的时间顺序逐日逐笔进行登记。要注意写清数量、单价及金额,不得缺项。

业务5　预借差旅费

【业务描述】 12月2日,业务员李杰准备去上海威达公司采购材料,出差前预借备用金3 000元,出纳以现金支票付给。原始凭证见第三章会计综合模拟实训基础资料中的凭证5-1和凭证5-2。

【职业能力目标】 通过填制借款单、制作记账凭证、登记账簿等操作,掌握预借差旅费业务的会计处理方法，提升制单、审单、记账等职业技能。

【实训要求】 以李杰的身份填制借款单并履行审批程序、制作相关记账凭证并据以登记账簿。

【实训操作流程】 以李杰的身份填制借款单，出纳以现金付讫，总账会计填写付款凭证，出纳据以登记银行存款日记账。

【操作提示】 借款、报销的审批程序：公司员工因工出差借款或报销，一般由各部门经理审签后，报公司财务部门审核，并送公司总经理批准，方能借款或报销。凡有审签权限的部门经理须在财务部门签留字样备案。员工出差应填写出差申请单，并按规定程度报批后，到财务部门预借差旅费。

业务 6　办理银行汇票

【业务描述】 12 月 2 日，办理 150 000 元的银行汇票，交由采购员郝胜利前往鞍山采购钢材。原始凭证见第三章会计综合模拟实训基础资料中的凭证 6-1 和凭证 6-2。

【职业能力目标】 通过训练填制汇票申请书、制作记账凭证、登记账簿等操作，掌握办理银行汇票业务的会计处理方法，提升制单、审单、记账等职业技能。

【实训要求】 填制汇票申请书、制作相关记账凭证并据以登记账簿。

【实训操作流程】 出纳填写转账支票，送银行办理银行汇票，总账会计根据存根填写付款凭证，出纳据以登记银行存款日记账。

【操作提示】 填写银行结算业务"汇票申请书"，盖上银行预留印鉴(财务专用章和法人章)，然后到银行业务窗口去办理(首先要保证账户上有足够的金额)。银行工作人员审核完手续，开出一份银行汇票。

业务 7　购买劳保用品入库

【业务描述】 12 月 3 日，以转账支票付款方式从新世界商贸有限公司采购劳保用品 46 套，验收入库。原始凭证见第三章会计综合模拟实训基础资料中的凭证 7-1～凭证 7-3。

【职业能力目标】 通过训练制作记账凭证、登记账簿等操作，掌握购入劳保用品业务的会计处理方法，提升制单、审单、记账等职业技能。

【实训要求】 开具转账支票、材料入库单，制作相关记账凭证并据以登记账簿。

【实训操作流程】 出纳开具转账支票，采买购货，质检合格后入材料库，库管填制入库单，总账会计根据发票、支票存根填制付款凭证，根据入库单填写转账凭证，出纳、材料会计据以登记明细账。

【操作提示】 劳保用品属于周转材料。该企业会计政策规定，周转材料按计划成本法核算。

业务 8　报销办公用品

【业务描述】 12 月 3 日，以现金报销综合办公室购买办公用品费用共计 960 元。原始凭证见第三章会计综合模拟实训基础资料中的凭证 8-1～凭证 8-3。

【职业能力目标】 通过训练制作记账凭证、登记账簿等操作，掌握购买办公用品业务的会计处理方法，提升制单、审单、记账等职业技能。

【实训要求】 填写现金报销报告、制作相关记账凭证并据以登记账簿。

【实训操作流程】 验收人员在发票上签字证明，填写现金报销报告，经部门经理审核后，送财务部核单员办理报销手续，办妥后交由出纳员兑付款，总账会计根据发票、现金报销报告填写付款凭证，出纳据以登记库存现金日记账。

【操作提示】 报销申请人首先将所有发票整理分类。定额小尺寸发票(如车票、餐饮发票)应分类粘贴在一张或多张票据粘贴单上，并在粘贴单上注明该类发票的张数及金额。购物发票应附手续完整的“固定资产验收报告”(固定资产)，或由验收人在发票上签字证明(如办公用品等其他物资)；车票/机票上应注明起讫地点、时间；所有接待、应酬费用必须每次结账，不可以月结形式付款，发票应注明时间、地点、事由，并逐一列出参加人员及其所属机构；其他发票也应注明开支内容、时间、地点等。之后填写“现金报销报告”，包括：姓名、部门、用途、金额、附件张数等，经部门经理审核后，送财务部核单员办理报销手续。核单员核对金额是否准确、是否符合公司规定的开支标准、各类审批手续是否适当、单据粘贴是否规范等。如果有疑问，或发现不应报销的项目，应及时向申请人落实及说明。核单员审核无误，经财务经理审批后，按审批权限规定，呈送总经理/副总经理审批。未经财务部核单员、财务科长/财务经理签署的报销单据，不得送总经理或副总经理审批。核单员一般应在三天内办妥审批手续，并交由出纳员兑付款。出纳员应及时通知报销申请人领款，付款时收款人应在收款栏签名并填写日期。付款之后出纳员应在发票、“现金报销报告”盖上“现金付讫”章。

业务 9　原材料验收入库

【业务描述】 12 月 3 日，从上海威达公司采购的控制仪 5 台验收入库，每台计划成本 8 200 元。实际成本 46 800 元，前期已取得发票并作材料采购处理。原始凭证见第三章会计综合模拟实训基础资料中的凭证 9-1。

【职业能力目标】 通过训练制作记账凭证、登记账簿等操作，掌握原材料验收入库业务的会计处理方法，提升制单、审单、记账等职业技能。

【实训要求】 制作相关记账凭证并据以登记账簿。

【实训操作流程】 质检合格后入材料库，库管填制入库单，总账会计根据入库单填写转账凭证，材料会计据以登记明细账。

【操作提示】 为了简便核算，材料验收入库时，可以先编制材料收料单，注明实收数量和计划单价，等到月末时，将各种材料的收料单汇总，编制“收料凭证汇总表”后，再作结转入库材料计划成本和实际成本差异额的分录。当然也可以在填制入库凭证时，直接结转材料成本差异。(本教材所提供参考答案，采用后者做法。)

业务 10　收取前欠货款

【业务描述】 12 月 4 日，收到大连物产集团前欠货款 520 000 元，存入银行。原始凭证见第三章会计综合模拟实训基础资料中的凭证 10-1。

【职业能力目标】 通过训练制作记账凭证、登记账簿等操作，掌握收取前欠货款业务的会计处理方法，提升制单、审单、记账等职业技能。

【实训要求】 制作相关记账凭证并据以登记账簿。

【实训操作流程】 总账会计根据银行转来进账单编制收款凭证，出纳据以登记银行存款日记账。

业务11　投资购买股票

【业务描述】 12月4日，用存出投资款购买东软股份股票2 000股，买价每股26元(其中含有已宣告但尚未发放的现金股利，1元/股)，支付手续费等共156.00元。直接指定为交易性金融资产。原始凭证见第三章会计综合模拟实训基础资料中的凭证11-1。

【职业能力目标】 通过训练制作记账凭证、登记账簿等操作，掌握投资业务的会计处理方法，提升制单、审单、记账等职业技能。

【实训要求】 制作相关记账凭证并据以登记账簿。

【实训操作流程】 投资会计取回股票交割单，总账会计根据交割单填写付款凭证，出纳据以登记其他货币资金明细账。

【操作提示】 取得交易性金融资产时，应当按照该金融资产取得时的公允价值作为其初始确认金额；取得交易性金融资产所支付价款中包含了已宣告但尚未发放的现金股利或已到付息期但尚未领取的债券利息的，应当单独确认为应收项目；取得交易性金融资产所发生的相关交易费用应当在发生时计入投资收益。

业务12　领用原材料

【业务描述】 12月4日，燃料动力车间领用原煤3.5吨；运输部门领用铝管0.02吨；生产车间为生产批号1115的镀膜机DH-5领用真空泵4台、领用铝板0.01吨、领用电镀件20件；为生产批号1120的镀膜机DH-6领用减压器8块、领用铝板0.02吨、领用电镀件20件。原始凭证见第三章会计综合模拟实训基础资料中的凭证12-1～凭证12-4。

【职业能力目标】 通过填制领料单、制作记账凭证、登记账簿等操作，掌握领用材料业务的会计处理方法，提升制单、审单、记账等职业技能。

【实训要求】 填制领料单、制作相关记账凭证并据以登记账簿。

【实训操作流程】 领料员填制领料单，总账会计根据领料单填写转账凭证，材料会计、成本会计分别据以登记明细账。

【操作提示】 领料员填制领料单，到实物仓管员处办理领料手续，实物仓管员按领料单所列物料明细发料，实行当面点清制，领料员核实应领物料后，在领料单上签名，以便承担今后物料丢失责任。领料业务也可集中于期末与结转材料成本差异一起做账务处理。

业务13　收取现金

【业务描述】 12月4日，收到沈阳永芯钟表厂现金1 755元，系清偿所欠货款。原始凭证见第三章会计综合模拟实训基础资料中的凭证13-1。

【职业能力目标】 通过训练制作记账凭证、登记账簿等操作，掌握收取现金业务的会计处理方法，提升制单、审单、记账等职业技能。

【实训要求】 制作相关记账凭证并据以登记账簿。

【实训操作流程】 出纳填制收款单，总账会计根据收款单编制收款凭证，出纳据以登记库存现金日记账。

业务14　现金存款

【业务描述】 12月4日，出纳员填写现金存款单，将1 755.00元存入银行。原始凭证见第三章会计综合模拟实训基础资料中的凭证14-1。

【职业能力目标】 通过训练制作记账凭证、登记账簿等操作，掌握投资业务的会计处理方法，提升制单、审单、记账等职业技能。

【实训要求】 制作相关记账凭证并据以登记账簿。

【实训操作流程】 出纳员填写现金存款单，总账会计根据现金存款单填写付款凭证，出纳据以登记库存现金日记账和银行存款日记账。

【操作提示】 填制现金存款单，根据业务来填写收款人信息、款项来源、交款人等信息，最后由银行盖章，记账人、出纳签字。

业务 15 采购材料

【业务描述】 12 月 5 日，收到从北京汉泰集团公司购入 6 块减压器(注：上月已按计划价验收入库)的票据，发票账单内列货款 8 760.00 元，增值税 1 489.20 元。同时，用现金支付运杂费 213.00 元，货款暂未付。原始凭证见第三章会计综合模拟实训基础资料中的凭证 15-1～凭证 15-3。

【职业能力目标】 通过训练制作记账凭证、登记账簿等操作，掌握采购业务的会计处理方法，提升制单、审单、记账等职业技能。

【实训要求】 制作相关记账凭证并据以登记账簿。

【实训操作流程】 验收人员在发票上签字证明，填写现金报销报告，经部门经理审核后，送财务部核单员办理报销手续，办妥后交由出纳员兑付款，总账会计根据运费发票、现金报销报告填写付款凭证，出纳据以登记库存现金日记账；根据采购发票填制转账凭证，材料会计、往来会计分别据以登记入账。

业务 16 报销业务

【业务描述】 12 月 5 日，用现金为综合办公室报销交通费 600.00 元。原始凭证见第三章会计综合模拟实训基础资料中的凭证 16-1 和凭证 16-2。

【职业能力目标】 通过训练制作记账凭证、登记账簿等操作，掌握报销业务的会计处理方法，提升制单、审单、记账等职业技能。

【实训要求】 制作相关记账凭证并据以登记账簿。

【实训操作流程】 报账人持真实的原始凭证，将原始凭证汇总、粘贴至“原始凭证粘贴单”上，根据业务内容填写“费用报销单”，按相关规定经部门负责人在报销凭单上签字审批后，到财务处办理报销手续。总账会计根据费用报销单填写付款凭证，出纳据以登记库存现金日记账。

【操作提示】 费用报销单填写内容：报销日期、费用项目、金额(大小写)、附件张数、报销人。填写报销单应注意：金额大小写须完全一致(不得涂改)；简述费用内容或事由；有借款进行开支的，需在报销时向财务人员说明借款人和借款金额。

业务 17 领用材料

【业务描述】 12 月 5 日，销售处领用 14mm 不锈钢板 0.3 吨、管理用具 1 套；基本生产车间领用管理用具 1 套；综合办公室领用管理用具 2 套；运输部门领用管理用具 1 套。原始凭证见第三章会计综合模拟实训基础资料中的凭证 17-1～凭证 17-4。

【职业能力目标】 通过训练制作记账凭证、登记账簿等操作，掌握领料业务的会计处理方法，提升制单、审单、记账等职业技能。

【实训要求】 制作相关记账凭证并据以登记账簿。

【实训操作流程】 由车间经办人员填制领料单，总账会计根据领料单填写转账凭证，存货会计和成本会计据以登记明细账。

【操作提示】 领料单要“一料一单”地填制，即一种原材料填写一张单据，一般一式四联。第一联为存根联，留领料部门备查；第二联为记账联，留会计部门作为出库材料核算依据；第三联为保管联，留仓库作为记材料明细账依据；第四联为业务联，留供应部门作为物质供应统计依据。领料单由车间经办人员填制，车间负责人、领料人、仓库管理员和发料人均需在领料单上签字，无签章或签章不全的均无效，不能作为记账的依据。

业务 18　支付支票工本费

【业务描述】 12 月 5 日，支付购买支票工本费 60 元，其中现金支票 10 本，转账支票 10 本，每本 3 元。原始凭证见第三章会计综合模拟实训基础资料中的凭证 18-1。

【职业能力目标】 通过训练制作记账凭证、登记账簿等操作，掌握支付购买支票工本费业务的会计处理方法，提升制单、审单、记账等职业技能。

【实训要求】 制作相关记账凭证并据以登记账簿。

【实训操作流程】 出纳取回银行转来支付凭证，总账会计根据支付凭证填写付款凭证，出纳据以登记银行存款日记账。

业务 19　购入汽车

【业务描述】 12 月 5 日，从金杯汽车公司购入货车一辆，价款 126 000 元，进项税额 21 420元，车辆交运输部门使用。原始凭证见第三章会计综合模拟实训基础资料中的凭证 19-1～凭证 19-3。

【职业能力目标】 通过训练填制固定资产交接单、制作记账凭证、登记账簿等操作，掌握购入固定资产业务的会计处理方法，提升制单、审单、记账等职业技能。

【实训要求】 开具支票、填制固定资产交接单、制作相关记账凭证并据以登记账簿。

【实训操作流程】 总账会计根据采购发票、固定资产验收单、固定资产交接单填制转账凭证，固定资产会计、出纳分别据以登记入账。

业务 20　发出商品实现收入

【业务描述】 12 月 6 日，银行通知收武汉弘毅公司的货款 429 600.00 元，收款时开具销售发票。此笔业务系前期发出的总款项 502 632.00 元的批号 0815 镀膜机 DH-4 共 2 台，余款暂欠。原始凭证见第三章会计综合模拟实训基础资料中的凭证 20-1 和凭证 20-2。

【职业能力目标】 通过训练制作记账凭证、登记账簿等操作，掌握销售业务的会计处理方法，提升制单、审单、记账等职业技能。

【实训要求】 制作相关记账凭证并据以登记账簿。

【实训操作流程】 销售会计开具销售发票，总账会计根据银行收款通知、销售发票填写转账凭证，销售会计据以登记明细账。

【操作提示】 对于不满足收入确认条件的发出商品，应按发出商品的实际成本（或进价）或计划成本（或售价），借记“发出商品”科目，贷记“库存商品”科目。发出商品满足收入确认条件时，借记“银行存款”等科目，贷记“主营业务收入”、“应交税费”等。

业务 21　提示付款

【业务描述】 12 月 6 日，将 90 000.00 元由北京大阳公司承兑的 6 日到期的商业承兑汇票送存银行，提示付款。原始凭证见第三章会计综合模拟实训基础资料中的凭证 21-1 和凭证 21-2。

【职业能力目标】 通过训练制作记账凭证、登记账簿等操作，掌握提示付款业务的会计处理方法，提升制单、审单、记账等职业技能。

【实训要求】 填写进账单、制作相关记账凭证并据以登记账簿。

【实训操作流程】 出纳填写进账单，连同商业承兑汇票送银行提提示付款，总账会计根据进账单填写收款款凭证，出纳据以登记银行存款日记账。

业务 22　报销运输费用

【业务描述】 12 月 6 日，以现金为运输部门司机周光润报销汽油费 587.30 元。原始凭证见第三章会计综合模拟实训基础资料中的凭证 22-1 和凭证 22-2。

【职业能力目标】 通过训练开具支票、制作记账凭证、登记账簿等操作，掌握报销业务的会计处理方法，提升制单、审单、记账等技能。

【实训要求】 填写现金报销报告、制作相关记账凭证并据以登记账簿。

【实训操作流程】 报销人员在发票上签字证明，填写现金报销报告，经部门经理审核后，送财务部核单员办理报销手续，办妥后交由出纳员兑付款，总账会计根据发票、现金报销报告填写付款凭证，出纳据以登记库存现金日记账。

业务 23　收回委外加工材料

【业务描述】 12 月 6 日，委托沈阳市电镀厂加工的电镀件由运输部门返回企业，每件按计划价格 800 元验收入库，加工费 15 000 元以转账支票付。原始凭证见第三章会计综合模拟实训基础资料中的凭证 23-1～凭证 23-3。

【职业能力目标】 通过训练材料入库单、制作记账凭证、登记账簿等操作，掌握委托加工业务的会计处理方法，提升制单、审单、记账等职业技能。

【实训要求】 材料入库单、制作相关记账凭证并据以登记账簿。

【实训操作流程】 检验合格的原材料入原材料库，库管填制入库单，总账会计根据入库单填写转账凭证，材料会计据以登记明细账。

业务 24　收取现金股利

【业务描述】 12 月 9 日，收到所持有东软股份已宣告发放的现金股利 2 000 元。原始凭证见第三章会计综合模拟实训基础资料中的凭证 24-1。

【职业能力目标】 通过训练制作记账凭证、登记账簿等操作，掌握投资业务的会计处理方法，提升制单、审单、记账等职业技能。

【实训要求】 制作相关记账凭证并据以登记账簿。

【实训操作流程】 投资会计取回股票交割单，总账会计根据交割单填写收款款凭证，出纳据以登记其他货币资金明细账。

业务 25　缴纳税款

【业务描述】 12 月 7 日，填写中华人民共和国税收交款书，缴纳上期应缴纳的增值税 87 175.47 元，缴纳预缴所得税 265 593.77 元，应缴城市维护建设税 6 102.28 元，应缴个人所得税 5 233.40 元，教育费附加 2 615.26 元，地方教育费附加 871.75 元。原始凭证见第三章会计综合模拟实训基础资料中的凭证 25-1～凭证 25-6。

【职业能力目标】 通过训练填制税收缴款书、制作记账凭证、登记账簿等操作，掌握纳税业务的会计处理方法，提升制单、审单、记账等职业技能。

【实训要求】 训练填制税收缴款书、制作相关记账凭证并据以登记账簿。

【实训操作流程】 税收会计填制税收缴款书，报送国家、地方税务局（税务所），总账会计根据税票填写付款凭证，出纳据以登记银行存款日记账。

【操作提示】 纳税人每月办理纳税申报前，专用账户至少存足当月应纳税款。纳税人只需在规定的纳税期限内通过上门申报或邮寄、电子等申报方式将纳税申报表、代扣代缴、代收代缴税款报告表及其他有关纳税资料报送国家、地方税务局（税务所），由税务局通知纳税人开设纳税专户的银行将纳税人本期应缴税金划入国库，并将税票交给纳税人。

业务 26　报销邮电费

【业务描述】 12 月 9 日，以现金为综合办公室报销邮电费 376.92 元。原始凭证见第三章会计综合模拟实训基础资料中的凭证 26-1 和凭证 26-2。

【职业能力目标】 通过训练制作记账凭证、登记账簿等操作，掌握报销业务的会计处理方法，提升制单、审单、记账等职业技能。

【实训要求】 制作相关记账凭证并据以登记账簿。

【实训操作流程】 报账人持真实的原始凭证，将原始凭证汇总、粘贴至“原始凭证粘贴单”上，根据业务内容填写“费用报销单”，按相关规定经部门负责人在报销凭单上签字审批后，到财务处办理报销手续。总账会计根据费用报销单填写付款凭证，出纳据以登记库存现金日记账。

业务 27　购买办公用品

【业务描述】 12 月 9 日，以现金购买账簿、记账凭证、会计报表等共 362 元。原始凭证见第三章会计综合模拟实训基础资料中的凭证 27-1 和凭证 27-2。

【职业能力目标】 通过训练制作记账凭证、登记账簿等操作，掌握报销业务的会计处理方法，提升制单、审单、记账等职业技能。

【实训要求】 制作相关记账凭证并据以登记账簿。

【实训操作流程】 报账人持真实的原始凭证，根据业务内容填写“费用报销单”，按相关规定经部门负责人在报销凭单上签字审批后，到财务处办理报销手续。总账会计根据费用报销单填写付款凭证，出纳据以登记库存现金日记账。

业务 28　销售原材料

【业务描述】 12 月 9 日，销售木材 12 立方米，单价 584.62 元，收到现金支票 8 208.06 元。原始凭证见第三章会计综合模拟实训基础资料中的凭证 28-1～凭证 28-3。

【职业能力目标】 通过训练开具销货单、开具发票、制作记账凭证、登记账簿等操作，掌握销售业务的会计处理方法，提升制单、审单、记账等职业技能。

【实训要求】 开具销货单、开具发票、填制进账单、制作相关记账凭证并据以登记账簿。

【实训操作流程】 销售部销售原材料后，税务会计根据销货单，填开增值税专用发票，总账会计根据销售部提供的“销货单—财务联”、“增值税专用发票—记账联”、银行进账单填写记账凭证，税务会计、出纳分别据以登记入账。

【操作提示】 出售原材料时,按已收或应收的款项,借记"银行存款"或"应收账款"等科目,贷记"其他业务收入"科目,按应交的增值税额,贷记"应交税费——应交增值税(销项税额)"科目;月度终了,按出售原材料的实际成本,借记"其他业务成本"科目,贷记"原材料"科目,同时结转材料成本差异。

业务 29　销售商品

【业务描述】 12 月 7 日,按销售合同向北京科航公司销售 DH-3 镀膜机 1 台。镀膜机每台不含税销售价 420 000 元,款项未收。销售部领用木材 0.4 立方米,包装用。原始凭证见第三章会计综合模拟实训基础资料中的凭证 29-1～凭证 29-3。

【职业能力目标】 通过训练开具销货单、开具发票、制作记账凭证、登记账簿等操作,掌握销售业务的会计处理方法,提升制单、审单、记账等职业技能。

【实训要求】 开具销货单、开具发票、制作相关记账凭证并据以登记账簿。

【实训操作流程】 销售部产品销售后,税务会计根据销货单,填开增值税专用发票,总账会计根据销售部提供的"销货单—财务联"、"增值税专用发票—记账联"填写记账凭证,税务会计、往来会计分别据以登记入账。

【操作提示】 销售成本的结转工作在月末进行,出库单转后期处理。

业务 30　购入工程物资

【业务描述】 12 月 7 日,从沈阳物资经销公司购入技改工程中所使用的电机 2 台,共 11 700.00 元,验收入库。款项暂欠。原始凭证见第三章会计综合模拟实训基础资料中的凭证 30-1 和凭证 30-2。

【职业能力目标】 通过训练制作记账凭证、登记账簿等操作,掌握采购业务的会计处理方法,提升制单、审单、记账等职业技能。

【实训要求】 制作相关记账凭证并据以登记账簿。

【实训操作流程】 检验合格的工程物资入工程物资库,库管填制入库单,总账会计根据入库单填写转账凭证,材料会计据以登记明细账。

【操作提示】 购进的机器设备类固定资产或用于机器设备类固定资产在建工程的购进货物或者劳务的增值税额允许抵扣,但购进的属于不动产的固定资产或用于不动产在建工程的购进货物或者劳务不允许抵扣。

业务 31　清理固定资产

【业务描述】 12 月 8 日,出售上月转入清理的车床的部分剩余残件给沈阳还新废旧物资回收公司获变价收入现金 189.54 元,同时,以现金支付清理费 530.00 元,该车床清理完毕。原始凭证见第三章会计综合模拟实训基础资料中的凭证 31-1～凭证 31-3。

【职业能力目标】 通过训练开具现金收付款单、制作记账凭证、登记账簿等操作,提升制单、审单、记账等职业技能。

【实训要求】 开具现金收付款单、制作相关记账凭证并据以登记账簿。

【实训操作流程】 出纳开具现金收付款单,总账会计填写收、付款凭证,掌握清理固定资产业务的会计处理方法,出纳据以登记库存现金日记账。

【操作提示】 固定资产清理计算缴纳税金时,企业销售房屋、建筑物等不动产,按照税法的有关规定,应按其销售额计算缴纳营业税;销售设备缴纳增值税。结转清理净损益时将“固定资产清理”余额结转到“营业外收入——处置非货币资产利得”或“营业外支出——处置非货币资产损失”科目。结转时注意前期转入“固定资产清理”的固定资产账面价值需同时考虑。

业务 32 领用工程物资

【业务描述】 12 月 8 日，技改工程领用工程物资(专用设备)240 000.00 元。原始凭证见第三章会计综合模拟实训基础资料中的凭证 32-1。

【职业能力目标】 通过训练开具领料单、制作记账凭证、登记账簿等操作，掌握工程领料业务的会计处理方法，提升制单、审单、记账等职业技能。

【实训要求】 开具领料单、制作相关记账凭证并据以登记账簿。

【实训操作流程】 领料员填制领料单，总账会计根据领料单填写转账凭证，材料会计、固定资产会计据以登记入账。

业务 33 商业承兑汇票贴现

【业务描述】 12 月 8 日，将持有的尚有 2 个月到期的上海金贸公司的期限为 3 个月的银行承兑汇票 300 000.00 元贴现，该票据的票面利率为 2.4%，贴现率为 3.6%。原始凭证见第三章会计综合模拟实训基础资料中的凭证 33-1。

【职业能力目标】 通过训练开具支票、制作记账凭证、登记账簿等操作，掌握票据贴现业务的会计处理方法，提升制单、审单、记账等职业技能。

【实训要求】 制作相关记账凭证并据以登记账簿。

【实训操作流程】 出纳填写现金支票，送银行提取现金，总账会计根据存根填写付款凭证，出纳据以登记银行存款日记账。

【操作提示】 银行承兑汇票贴现业务流程：客户申请并填写资料；银行审核资料；银行进行票据查询；客户签署贴现合同并填制贴现凭证；银行计算贴现利息并对客户发放实付资金。银行承兑汇票贴现受理部门：商业银行各公司业务发展部、各零售支行、总行资金营运部。

业务 34 购入原材料并入库

【业务描述】 12 月 8 日，采购员郝胜利从鞍山采购的 14mm 不锈钢板 11 吨，实际价款 153 746.15 元，增值税 26 136.84 元，验收入库，余款暂欠。原始凭证见第三章会计综合模拟实训基础资料中的凭证 34-1～凭证 34-3。

【职业能力目标】 通过训练填制入库单、制作记账凭证、登记账簿等操作，掌握采购业务的会计处理方法，提升制单、审单、记账等职业技能。

【实训要求】 填制入库单、制作相关记账凭证并据以登记账簿。

【实训操作流程】 检验合格的原材料入原材料库，库管填制入库单，总账会计根据入库单、增值税专用发票、银行汇票回单等填写转账凭证，材料会计据以登记明细账。

【操作提示】 沿用业务 5 银行汇票付款，余款暂欠。

业务 35 购入原材料

【业务描述】 12 月 10 日，沈阳劝成钢材公司发票到达，其内列 70mm 不锈钢管 14 吨，价款 165 742.36 元，增值税 28 176.20 元，用 50 000.00 元转账支票暂付部分价款。同时办理验收入库。原始凭证见第三章会计综合模拟实训基础资料中的凭证 35-1～凭证

35-3。

【职业能力目标】 通过训练填制入库单、制作记账凭证、登记账簿等操作,掌握采购业务的会计处理方法,提升制单、审单、记账等职业技能。

【实训要求】 填制入库单、制作相关记账凭证并据以登记账簿。

【实训操作流程】 检验合格的原材料入原材料库,库管填制入库单,总账会计根据入库单、增值税专用发票、银行汇票回单等填写转账凭证,材料会计据以登记明细账。

业务 36 生产领用材料

【业务描述】 12 月 9 日,生产车间为生产 1105 号 DH-4 产品领用控制仪 2 台、电镀件 20 件。原始凭证见第三章会计综合模拟实训基础资料中的凭证 36-1。

【职业能力目标】 通过训练开具领料单、制作记账凭证、登记账簿等操作,掌握生产领料业务的会计处理方法,提升制单、审单、记账等职业技能。

【实训要求】 开具领料单、制作相关记账凭证并据以登记账簿。

【实训操作流程】 领料员填制领料单,总账会计根据领料单填写转账凭证,材料会计、成本会计据以登记入账。

【操作提示】 领料业务也可集中于期末与结转材料成本差异一起做账务处理。

业务 37 收到应收利息

【业务描述】 12 月 9 日,收到 11 月购买的交易性金融资产债券中已到付息期尚未支付的利息 3 000.00 元。原始凭证见第三章会计综合模拟实训基础资料中的凭证 37-1。

【职业能力目标】 通过训练制作记账凭证、登记账簿等操作,掌握取得应收利息业务的会计处理方法,提升制单、审单、记账等职业技能。

【实训要求】 制作相关记账凭证并据以登记账簿。

【实训操作流程】 投资会计转来交割单,总账会计根据交割单填写记账凭证,出纳据以登记其他货币资金账,往来会计登记应收利息明细账。

业务 38 支付包装物押金

【业务描述】 12 月 9 日,以现金支付鞍山钢铁公司钢材包装物押金 800.00 元。原始凭证见第三章会计综合模拟实训基础资料中的凭证 38-1。

【职业能力目标】 通过训练制作记账凭证、登记账簿等操作,掌握支付押金业务的会计处理方法,提升制单、审单、记账等职业技能。

【实训要求】 制作相关记账凭证并据以登记账簿。

【实训操作流程】 验收人员在发票上签字证明,经部门经理审核后,送财务部核单员办理报销手续,办妥后交由出纳员兑付款,总账会计根据发票填写付款凭证,出纳据以登记库存现金日记账。

业务 39 销售商品

【业务描述】 12 月 10 日,向深圳电子镀膜厂销售 DH-4 镀膜机(批次为 0925) 2 台,每台不含税价 236 400 元,收银行汇票一张(补收前期预收账款的不足部分);销售部为包装此产品领用木材 0.4 立方米。原始凭证见第三章会计综合模拟实训基础资料中的凭证 39-1～凭证 39-4。

【职业能力目标】 通过训练开具销货单、开具发票、制作记账凭证、登记账簿等操作,掌握销售业务的会计处理方法，提升制单、审单、记账等职业技能。

【实训要求】 开具销货单、开具发票、填制进账单、制作相关记账凭证并据以登记账簿。

【实训操作流程】 销售部产品销售后，税务会计根据销货单，填开增值税专用发票，总账会计根据销售部提供的"销货单—财务联"、"增值税专用发票—记账联"、银行进账单填写记账凭证，税务会计、出纳分别据以登记入账。

【操作提示】 预收账款金额见期初金额。销售成本的结转工作在月末进行，出库单转存后期处理。

业务 40　收取前欠货款

【业务描述】 12 月 11 日，银行通知收到大连物产集团电汇前欠货款 1 421 200 元。原始凭证见第三章会计综合模拟实训基础资料中的凭证 40-1。

【职业能力目标】 通过训练制作记账凭证、登记账簿等操作，掌握收取前欠货款业务的会计处理方法，提升制单、审单、记账等职业技能。

【实训要求】 制作相关记账凭证并据以登记账簿。

【实训操作流程】 总账会计根据银行转来进账单编制收款凭证，出纳据以登记银行存款日记账。

业务 41　材料入库

【业务描述】 12 月 10 日，收到 11 月 30 日从四川铝管厂采购的 6 吨 30mm 铝管，实际成本 115 128 元，增值税 19 210.00 元，办理验收入库 5.5 吨，短缺 0.5 吨。经查系铁路部门责任，损失由成都铁路局赔偿。原始凭证见第三章会计综合模拟实训基础资料中的凭证 41-1～凭证 41-3。

【职业能力目标】 通过训练填制入库单、制作记账凭证、登记账簿等操作，掌握采购业务的会计处理方法，提升制单、审单、记账等职业技能。

【实训要求】 填制入库单、存货溢余短缺报告单，制作相关记账凭证并据以登记账簿。

【实训操作流程】 检验合格的原材料入原材料库，库管填制入库单、存货溢余短缺报告单，经审批程序后，总账会计根据入库单、增值税专用发票、银行汇票回单等填写转账凭证，材料会计据以登记明细账。

【操作提示】 存货采购中经常会发生验收数量与购买数量不符的情况，这就是所谓的溢余短缺。在进行核算时，如果发生溢余和短缺，应填制存货购进溢余短缺报告单，在原因查明之前，先通过"待处理财产损溢"账户进行核算。如果是运输部门的责任造成的，应由其赔偿发生的损失。

业务 42　报销业务招待费

【业务描述】 12 月 11 日，以现金支付综合办公室餐费 1 150.00 元。原始凭证见第三章会计综合模拟实训基础资料中的凭证 42-1 和凭证 42-2。

【职业能力目标】 通过训练开具支票、制作记账凭证、登记账簿等操作，掌握支付押金业务的会计处理方法，提升制单、审单、记账等职业技能。

【实训要求】 填写现金报销报告，制作相关记账凭证并据以登记账簿。

【实训操作流程】 报账人持真实的原始凭证，将原始凭证汇总、粘贴至“原始凭证粘贴单”上，根据业务内容填写“费用报销单”，按相关规定经部门负责人在报销凭单上签字审批后，到财务处办理报销手续。总账会计根据费用报销单填写付款凭证，出纳据以登记库存现金日记账。

业务 43 付商业汇票到期款

【业务描述】 12 月 10 日，接到银行付款通知应付北方物资贸易公司的商业承兑汇票 150 000 元到期兑现。原始凭证见第三章会计综合模拟实训基础资料中的凭证 43-1。

【职业能力目标】 通过训练制作记账凭证、登记账簿等操作，掌握商业汇票业务的会计处理方法，提升制单、审单、记账等职业技能。

【实训要求】 制作相关记账凭证并据以登记账簿。

【实训操作流程】 总账会计根据商业承兑汇票付款回单填写付款凭证，出纳据以登记银行存款日记账。

业务 44 对外捐赠

【业务描述】 12 月 11 日，以转账支票向沈阳市民政局捐献救灾款人民币 100 000 元。原始凭证见第三章会计综合模拟实训基础资料中的凭证 44-1 和凭证 44-2。

【职业能力目标】 通过训练开具支票、制作记账凭证、登记账簿等操作，掌握对外捐赠业务的会计处理方法，提升制单、审单、记账等职业技能。

【实训要求】 制作相关记账凭证并据以登记账簿。

【实训操作流程】 出纳填写转账支票，取得对外捐赠发票，总账会计根据转账支票存根填写付款凭证，出纳据以登记银行存款日记账。

业务 45 缴纳社会保险费

【业务描述】 12 月 11 日，按上月公司实际工资总额 129 000 元的 28%(其中个人负担 8%)、10%(其中个人负担 2%)、3%(其中个人负担 1%)、1.5%和 0.6%分别缴纳养老保险、医疗保险、失业保险、工伤保险和生育保险。公司保险编号 1231751，代码为 18。原始凭证见第三章会计综合模拟实训基础资料中的凭证 45-1～凭证 45-6。

【职业能力目标】 通过训练填制社会保险费专用缴款书、制作记账凭证、登记账簿等操作，掌握缴费业务的会计处理方法，提升制单、审单、记账等职业技能。

【实训要求】 开具转账支票、填制社会保险费专用缴款书、制作相关记账凭证并据以登记账簿。

【实训操作流程】 税收会计填制社会保险费专用缴款书，报送地方税务局(税务所)、住房公积金管理中心，总账会计根据支票存根、缴款书回单填写付款凭证，出纳据以登记银行存款日记账。

【操作提示】 社会保险费缴费单位应于每月 15 日前向所管辖的主管地税分局(局)申报缴纳社会保险费。单位职工个人缴费应由其所在单位按月在发放职工工资时代扣，次月 15 日前将已代扣的职工个人缴费向地税部门代缴。

业务 46 支付在建工程款

【业务描述】 12 月 11 日，以转账支票支付沈阳市市政安装公司技术改造工程款 145 000元。原始凭证见第三章会计综合模拟实训基础资料中的凭证 46-1 和凭证 46-2。

【职业能力目标】 通过训练开具支票、制作记账凭证、登记账簿等操作，掌握付款业务的会计处理方法，提升制单、审单、记账等职业技能。

【实训要求】 开具支票、制作相关记账凭证并据以登记账簿。

【实训操作流程】 出纳填写转账支票，取得发票，总账会计根据支票存根、发票等填写付款凭证，出纳据以登记银行存款日记账。

业务47　预付保险费

【业务描述】 12月12日，以转账支票支付2014年企业保险费36 240元。原始凭证见第三章会计综合模拟实训基础资料中的凭证47-1和凭证47-2。

【职业能力目标】 通过训练制作记账凭证、登记账簿等操作，掌握预付款业务的会计处理方法，提升制单、审单、记账等职业技能。

【实训要求】 制作相关原始凭证、记账凭证并据以登记账簿。

【实训操作流程】 出纳根据付款请求单开具转账支票，总账会计根据支票副本填写付款凭证，出纳据以登记银行存款日记账。

业务48　报销差旅费

【业务描述】 12月12日，郝胜利去鞍山采购原材料出差回来报销差旅费3 215.40元，其中，往来汽车车票各100元、住宿发票2 200元、市内交通车票200元、补助615.40元（差旅费报销其他原始单据略）。余款交回。原始凭证见第三章会计综合模拟实训基础资料中的凭证48-1和凭证48-2。

【职业能力目标】 通过训练填开差旅费报销单、制作记账凭证、登记账簿等操作，掌握费用报销业务的会计处理方法，提升制单、审单、记账等职业技能。

【实训要求】 制作相关记账凭证并据以登记账簿。

【实训操作流程】 出差人员填开差旅费报销单，送审后，总账会计根据报销单、收款收据填写付款凭证，出纳据以登记库存现金日记账。

【操作提示】 出差人员回公司后，应形成出差完成情况书面报告，并向分管领导汇报，由分管领导考核结果，签署考核意见。审核人员根据签有分管领导考核意见的“出差申请单”和有效出差单据，按费用包干标准规定，经审核后方可报销差旅费。

业务49　购入国库券

【业务描述】 12月12日，公司以转账支票购入国库券，其中国库券面值198 000元，手续费2 000元。该国库券票面利率为7.2%，公司不打算长期持有。指定为可供出售金融资产。原始凭证见第三章会计综合模拟实训基础资料中的凭证49-1。

【职业能力目标】 通过训练制作记账凭证、登记账簿等操作，掌握投资业务的会计处理方法，提升制单、审单、记账等职业技能。

【实训要求】 制作相关记账凭证并据以登记账簿。

【实训操作流程】 投资会计取回国库券交割单，总账会计根据交割单填写付款凭证，出纳据以登记银行存款日记账。

业务50　出售股票

【业务描述】 12月13日，将所持有的交易性金融资产中的账面价值为143 610.14元股票的50%转让，其售价120 000元，交易税金及手续费470.65元。原始凭证见第三章会计综合模拟实训基础资料中的凭证 50-1。

【职业能力目标】 通过训练制作记账凭证、登记账簿等操作，掌握投资业务的会计处理方法，提升制单、审单、记账等职业技能。

【实训要求】 制作相关记账凭证并据以登记账簿。

【实训操作流程】 投资会计取得交割单，总账会计根据交割单填写记账凭证，出纳据以登记其他货币资金明细账。

业务 51 固定资产清理

【业务描述】 12 月 13 日，基本生产车间使用的钻床报废，原值 16 200 元，已计提折旧 15 960 元，用现金支付清理费 230 元。报废的钻床出售给废旧物资回收公司，收到现金 864 元。原始凭证见第三章会计综合模拟实训基础资料中的凭证 51-1～凭证 51-4。

【职业能力目标】 通过训练制作记账凭证、登记账簿等操作，掌握固定资产清理业务的会计处理方法，提升制单、审单、记账等职业技能。

【实训要求】 制作相关记账凭证并据以登记账簿。

【实训操作流程】 首先将固定资产转入固定资产清理，然后结算清理收入、清理费用，之后确认清理净损益，总账会计根据清理转入清单、收入结算单、费用结算清单等填写转账凭证、收款凭证、付款凭证，出纳据以登记银行存款日记账。

【操作提示】 固定资产清理计算缴纳税金时，企业销售房屋、建筑物等不动产，按照税法的有关规定，应按其销售额计算缴纳营业税；销售设备缴纳增值税。借记“固定资产清理”，贷记“应交税费——应交营业税”或“应交税费——应交增值税销项税”（如果是设备）。

业务 52 出租无形资产

【业务描述】 12 月 14 日，出租无形资产——专利权的使用权，收到 50 000 元转账支票，送存银行。原始凭证见第三章会计综合模拟实训基础资料中的凭证 52-1 和凭证 52-2。

【职业能力目标】 通过训练制作记账凭证、登记账簿等操作，掌握出租业务的会计处理方法，提升制单、审单、记账等职业技能。

【实训要求】 制作相关记账凭证并据以登记账簿。

【实训操作流程】 出纳根据收到支票填写银行进账单，送存银行，总账会计根据返回的进账单填写收款凭证，出纳据以登记银行存款日记账。

【操作提示】 专利申请权或专利权的转让需履行的手续：我国个人或单位（包括全民所有制和集体所有制单位）向外国转让专利申请权或专利权的，必须经国家专利管理机关批准；专利申请权或者专利权的转让人要与受让人共同签署一份书面的、符合专利法及有关法律的“转让合同”；必须到专利管理部门申请办理认定、登记手续；应向国家专利管理机关提交“转让合同”和“著录项目变更申报书”，同时缴纳费用。国家专利管理机关在专利公报上予以公告后，此项专利申请权或专利权的转让才正式生效。

业务 53 购入原材料

【业务描述】 12 月 14 日，向铁岭矿山公司购入原煤 200 吨，单价 320 元，增值税 10 880元，以 3 个月到期的票面利率 4.8%的商业汇票支付，已验收入库。原始凭证见第三章会计综合模拟实训基础资料中的凭证 53-1～凭证 53-3。

【职业能力目标】 通过训练填制入库单、制作记账凭证、登记账簿等操作，掌握采购业务的会计处理方法，提升制单、审单、记账等职业技能。

【实训要求】 填制商业汇票、填制入库单、制作相关记账凭证并据以登记账簿。

【实训操作流程】 检验合格的原材料入原材料库，库管填制入库单，总账会计根据入库单、增值税专用发票、商业汇票回单等填写转账凭证，材料会计、往来会计据以登记明细账。

【操作提示】 商业承兑汇票是由银行以外的付款人承兑的。商业承兑汇票交易双方约定，由销货企业或购货企业签发，但由购货企业承兑。承兑时，购货企业应在汇票正面记载“承兑”字样和承兑日期并签发。从 2009 年 1 月 1 日起煤炭行业增值税税率由 13％调增为 17％。

业务 54　确认长期借款利息

【业务描述】 12 月 15 日，计算确认当期技术改造工程所用长期借款 20 万元应负担的利息 5 000 元。原始凭证见第三章会计综合模拟实训基础资料中的凭证 54-1。

【职业能力目标】 通过训练制作记账凭证、登记账簿等操作，掌握借款费用业务的会计处理方法，提升制单、审单、记账等职业技能。

【实训要求】 制作相关记账凭证并据以登记账簿。

【实训操作流程】 填制借款费用计算单，总账会计根据借款费用计算单填写转账凭证，据以登记明细账。

【操作提示】 借款利息等于借款金额乘以借款利率，再乘以使用时间。

业务 55　在建工程交付使用

【业务描述】 12 月 15 日，技术改造工程的生产线交付使用，预计使用 20 年，预计残值 50 000.00 元，预计清理费用 10 000.00 元。原始凭证见第三章会计综合模拟实训基础资料中的凭证 55-1。

【职业能力目标】 通过训练填开固定资产验收单、制作记账凭证、登记账簿等操作，掌握工程完工业务的会计处理方法，提升制单、审单、记账等职业技能。

【实训要求】 填开固定资产验收单、制作相关记账凭证并据以登记账簿。

【实训操作流程】 填开固定资产验收单，办理验收、交接手续，总账会计根据验收单填写记账凭证，固定资产会计据以登记入账。

【操作提示】 在建工程成本在在建工程明细账中查找，核对无误后填入验收单。

业务 56　收取现金股利

【业务描述】 12 月 15 日，公司收到证券公司通知现金股利 2 000 元，存入其账户中。系前期已宣告发放的现金股利。原始凭证见第三章会计综合模拟实训基础资料中的凭证 56-1。

【职业能力目标】 通过训练制作记账凭证、登记账簿等操作，掌握投资业务的会计处理方法，提升制单、审单、记账等职业技能。

【实训要求】 制作相关记账凭证并据以登记账簿。

【实训操作流程】 投资会计取回股票交割单，总账会计根据交割单填写收款凭证，出纳据以登记其他货币资金明细账。

【操作提示】 取得证券公司收账通知，应通过“其他货币资金”科目核算。

业务57　报销违约罚款

【业务描述】 12月15日，销售部报销没按时供货发生的违约罚款共600元。原始凭证见第三章会计综合模拟实训基础资料中的凭证57-1和凭证57-2。

【职业能力目标】 通过训练填开报销单、制作记账凭证、登记账簿等操作，掌握费用报销业务的会计处理方法，提升制单、审单、记账等职业技能。

【实训要求】 制作相关记账凭证并据以登记账簿。

【实训操作流程】 相关人员填开报销单，送审后，总账会计根据报销单、收款收据填写付款凭证，出纳据以登记库存现金日记账。

【操作提示】 合同违约罚款，属于“营业外支出”，该项支出税法允许税前扣除，纳税时无须调整。

业务58　出口商品

【业务描述】 12月15日，销售部领用木材0.6立方米，包装按销售合同向IEC-INDIA销售的DH-3镀膜机1台，每台售价47 000美元。接中国银行通知，收到IEC-INDIA货款，存入该企业在中国银行的账户中。当日市场汇率为USD100＝CNY820。原始凭证见第三章会计综合模拟实训基础资料中的凭证58-1～凭证58-4。

【职业能力目标】 通过训练开具销货单、开具发票、制作记账凭证、登记账簿等操作，掌握销售业务的会计处理方法，提升制单、审单、记账等职业技能。

【实训要求】 开具销货单、开具发票、填制进账单、制作相关记账凭证并据以登记账簿。

【实训操作流程】 销售部产品销售后，税务会计根据销货单，填开增值税专用发票，总账会计根据销售部提供的“销货单—财务联”、“增值税专用发票—记账联”、银行进账单填写记账凭证，出纳分别据以登记入账。出口业务增值税率为0。

【操作提示】 销售成本的结转工作在月末进行，出库单转存后期处理。

业务59　偿还短期借款

【业务描述】 12月15日，偿还2011年6月16日自工商银行沈阳开发区支行借入的短期借款本金200 000元及应负担的利息(前期未计算利息)。其贷款利率为6.48%。原始凭证见第三章会计综合模拟实训基础资料中的凭证59-1和凭证59-2。

【职业能力目标】 通过训练开具支票、制作记账凭证、登记账簿等操作，掌握融资业务的会计处理方法，提升制单、审单、记账等职业技能。

【实训要求】 填写借款利息计算单、制作相关记账凭证并据以登记账簿。

【实训操作流程】 出纳填写借款利息计算单，总账会计根据借款利息计算单、支付结算凭证填写付款凭证，出纳据以登记银行存款日记账。

【操作提示】 借款利率用百分数表示，一般是指年利率，计算时要换算成月利率。

业务60　预付展销会费

【业务描述】 12月15日，从银行电汇6 000元，预付下年度北京真空产品展销会会费(主办单位：北京会展中心；账号：45678909；开户行：交行东城分理处)。原始凭证见第三章会计综合模拟实训基础资料中的凭证 60-1。

【职业能力目标】 通过训练办理电汇、制作记账凭证、登记账簿等操作，掌握预付业务的会计处理方法，提升制单、审单、记账等职业技能。

【实训要求】 办理电汇、制作相关记账凭证并据以登记账簿。

【实训操作流程】 出纳填写电汇申请书，送银行汇款，总账会计根据汇款回单填写付款凭证，出纳据以登记银行存款日记账。

【操作提示】 由汇款人填写电汇申请书交款付费给汇出行，在由汇出行拍加押电报或电传给汇入行，汇入行给收款人电汇通知书，收款人接到通知后去银行兑付，银行进行解付，解付完毕汇入行发出借记通知书给汇出行，同时汇出行给汇款人电汇回执。

2.2.2 记录总分类账

【业务描述】 12 月 16 日，采用科目汇总表会计核算形式，对 1 至 15 日发生的业务进行汇总，试算平衡后登记总分类账户。

【职业能力目标】 通过训练，熟悉企业设置总账的用途；掌握企业丁字形账、科目汇总表的编制方法、发生额的试算平衡，总账的过账方法等实务操作技能。

【实训要求】 训练登记各丁字形账户、填制科目汇总表并据以登记账簿。

【实训操作流程】 总账会计根据记账凭证登记各丁字账户，根据各丁字账本期发生额填制科目汇总表，再根据科目汇总表登记总分类账户。

【操作提示】 总账由会计人员登记，其登记的依据取决于所采用的会计核算形式。本教材模拟的企业采用科目汇总表会计核算形式，分上旬、下旬两次登记总分类账户。总账装订形式一般应选用订本式，其账页格式应采用“三栏式”。

科目汇总表的编制方法：

(1) 科目汇总表的日期除按日汇总外，应写期间数，如××××年××月××日至××日。编号一般按年填写顺序号。会计科目名称排列应与总账顺序保持一致，以方便记账。

(2) 把汇总期间记账凭证的相同会计科目的借方金额和贷方金额分别相加，并填入汇总表中各该会计科目的同一方向栏内。

(3) 将每一会计科目的汇总金额填入汇总表后，应分别加总计算全部会计科目的借方发生额合计和贷方发生额合计，并填入表中最末行合计栏内。

(4) 注明本科目汇总表所汇总的记账凭证的起讫号数。

(5) 制证、复核、会计主管、记账等人员履行职责后应分别签章。

2.3 下半月经济业务处理

2.3.1 会计确认与记录明细账

业务 61 出售交易性金融资产

【业务描述】 12 月 16 日，企业持有的一年期三峡重点工程投资债券到期，收到债券投资本息合计 625 600 元存入银行。原始凭证见第三章会计综合模拟实训基础资料中的凭证 61-1 和凭证 61-2。

【职业能力目标】 通过训练制作记账凭证、登记账簿等操作，掌握投资业务的会计处理方法，提升制单、审单、记账等职业技能。

【实训要求】 填制银行进账单并制作相关记账凭证并据以登记账簿。

【实训操作流程】 出纳取回银行进账单，总账会计根据进账单及交割单填写收款凭证，出纳据以登记银行存款日记账。

【操作提示】 出售交易性金融资产时，除了结清交易性金融资产的账面价值外，还得同时将前期计入"公允价值变动损益"科目的公允价值变动转入"投资收益"账户。

业务 62　报销差旅费

【业务描述】 12 月 16 日，以现金支付采购处王毅报销差旅费 6 480 元，其中，1 日至 15 日去北京出差往返车费 480 元、住宿费 4 000 元、其他费用 2 000 元(其他相关票证略)。原始凭证见第三章会计综合模拟实训基础资料中的凭证 62-1。

【职业能力目标】 通过训练填开差旅费报销单、制作记账凭证、登记账簿等操作，掌握费用报销业务的会计处理方法，提升制单、审单、记账等职业技能。

【实训要求】 制作相关记账凭证并据以登记账簿。

【实训操作流程】 出差人员填开差旅费报销单，送审后，总账会计根据报销单、收款收据填写付款凭证，出纳据以登记库存现金日记账。

【操作提示】 报销时首先查看前期该出差人员是否有预借款，若有预借款，所报销费用先冲抵预借款，之后多退少补；若没有预借款，则直接报销、付款。

业务 63　购入并交付使用固定资产

【业务描述】 12 月 17 日，以支票为综合办公室购买联想电脑 2 台，每台单价 4 500 元。预计使用 5 年，当日交付使用。原始凭证见第三章会计综合模拟实训基础资料中的凭证 63-1～凭证 63-3。

【职业能力目标】 通过训练制作记账凭证、登记账簿等操作，掌握采购业务的会计处理方法，提升制单、审单、记账等职业技能。

【实训要求】 填制转账支票、固定资产验收交接单并制作相关记账凭证并据以登记账簿。

【实训操作流程】 采购会计取回发票及验收单，总账会计根据支票存根、发票及验收单填写付款凭证，出纳据以登记银行存款日记账。

【操作提示】 购买的电脑应划归固定资产进行会计核算，其在购买时所取得增值税专用发票中所列示的增值税额应记入"应交税费——增值税(进项税额)"中。

业务 64　材料入库

【业务描述】 12 月 17 日，从大连泵业公司采购的真空泵到货，共 10 台，实际采购成本 128 632.40 元，验收入库。原始凭证见第三章会计综合模拟实训基础资料中的凭证 64-1。

【职业能力目标】 通过训练填制入库单、制作记账凭证、登记账簿等操作，掌握采购业务的会计处理方法，提升制单、审单、记账等职业技能。

【实训要求】 填制入库单、制作相关记账凭证并据以登记账簿。

【实训操作流程】 检验合格的原材料入原材料库，库管填制入库单，总账会计根据入库单等填写转账凭证，材料会计据以登记明细账。

【操作提示】 此项采购前期已作材料采购入账处理。

业务 65 出租固定资产

【业务描述】 12 月 17 日，将基本车间暂时闲置的机床出租给黄河机械厂，租期 6 个月，租金每月 1 000 元，预收一季度租金 3 000 元租金。原始凭证见第三章会计综合模拟实训基础资料中的凭证 65-1 和凭证 65-2。

【职业能力目标】 通过训练填制银行进账单、制作记账凭证、登记账簿等操作，掌握出租固定资产业务的账务处理程序，提升制单、审单、记账等职业技能。

【实训要求】 训练填制银行进账单、制作相关记账凭证并据以登记账簿。

【实训操作流程】 出纳填写银行进账单，连同收到的支票送存银行，总账会计根据进账单回单填写收款凭证，出纳据以登记银行存款日记账。

业务 66 发放工资

【业务描述】 12 月 18 日，开出转账支票，发放职工工资 101 910.0 元。原始凭证见第三章会计综合模拟实训基础资料中的凭证 66-1 和凭证 66-2。

【职业能力目标】 通过训练开具支票、制作记账凭证、登记账簿等操作，提升制单、审单、记账等职业技能。

【实训要求】 制作相关记账凭证并据以登记账簿。

【实训操作流程】 出纳填写转账支票，送银行发放工资，总账会计根据支票存根、工资发放表填写付款凭证，出纳据以登记银行存款日记账。

【操作提示】 工资核算时，注意连贯性：月底核算工资薪酬费用；下月发放工资、上缴住房公积金、上缴社会保险费等。发放工资时，应注意代扣款项。

业务 67 上解二费一金

【业务描述】 12 月 18 日，按工资额 129 000 元的 2%和 1.5%分别上解工会经费、教育经费，教育经费存入专用账户，账号：033665544，开户行：工行沈河分理处。按上年平均工资额 125 000.00 元的 20%（个人负担 10%）上缴住房公积金。原始凭证见第三章会计综合模拟实训基础资料中的凭证 67-1～凭证 67-3。

【职业能力目标】 通过训练开具支票、制作记账凭证、登记账簿等操作，掌握缴费业务的会计处理方法，提升制单、审单、记账等职业技能。

【实训要求】 填制转账支票、工会经费缴款书、住房公积金汇（补）缴款书，制作相关记账凭证并据以登记账簿。

【实训操作流程】 出纳填写填制转账支票、工会经费缴款书、住房公积金汇（补）缴款书，总账会计根据存根、缴款书回单填写付款凭证，出纳据以登记银行存款日记账。

【操作提示】 职工个人缴存的住房公积金，由所在单位每月从其工资中代扣代缴。单位应当自每月发放职工工资之日起 5 日内，将单位缴存的和为职工代缴的住房公积金汇缴到职工住房公积金专户，由受委托银行记入职工住房公积金账户内。单位应当按时、足额缴存住房公积金，不得逾期缴存或者少缴。

业务 68 预订报纸杂志

【业务描述】 12 月 18 日，预订下一年度报纸杂志，以转账支票共支付 8 560 元。原始凭证见第三章会计综合模拟实训基础资料中的凭证 68 1 和凭证 68-2。

【职业能力目标】 通过训练制作记账凭证、登记账簿等操作，掌握预订业务的会计处理方法，提升制单、审单、记账等职业技能。

【实训要求】 填制转账支票、制作相关记账凭证并据以登记账簿。

【实训操作流程】 出纳开具支票后交业务办理人员办理订购业务，总账会计根据支票副本填写付款凭证，出纳据以登记银行存款日记账。

【操作提示】 预订下一年度报纸杂志业务的会计处理，应遵从历史处理方式。若前期该项业务做预付款业务处理，本期也是；若前期该项业务确认为当期费用，本期也确认为费用。本教材所模拟企业，未列示前期业务处理，所以前述两种方法均可。

业务 69　盘亏现金

【业务描述】 12 月 18 日，临时盘点库存现金，发现短款 20 元。决定由出纳李丽赔偿。原始凭证见第三章会计综合模拟实训基础资料中的凭证 69-1～凭证 69-3。

【职业能力目标】 通过训练制作记账凭证、登记账簿等操作，掌握财产清查业务的会计处理方法，提升制单、审单、记账等职业技能。

【实训要求】 填制库存现金盘点表、填制收款收据、制作相关记账凭证并据以登记账簿。

【实训操作流程】 临时盘点库存现金小组突击盘点金库，填写库存现金盘点表；主管部门对发现盘亏现金进行处理；总账会计根据盘点表、盘点报告书填写记账凭证，出纳据以登记库存现金日记账。

【操作提示】 财产清查业务要分处理前、处理后进行处理。该笔业务处理时需通过“其他应收款”科目核算赔偿款，然后，在收到赔偿款时冲抵“其他应收款”，以全面反映业务轨迹。

业务 70　支付业务招待费

【业务描述】 12 月 19 日，开出现金支票，支付业务招待费 12 000 元。原始凭证见第三章会计综合模拟实训基础资料中的凭证 70-1 和凭证 70-2。

【职业能力目标】 通过训练填开业务招待费报销单、制作记账凭证、登记账簿等操作，掌握报销业务的会计处理方法，提升制单、审单、记账等职业技能。

【实训要求】 填开业务招待费报销单、开具现金支票、制作相关记账凭证并据以登记账簿。

【实训操作流程】 经办人员填开业务招待费报销单，送审后，总账会计根据报销单、支票存根填写付款凭证，出纳据以登记银行存款日记账。

【操作提示】 业务招待费在会计上，不管发生多少，都是按照实际报销的金额入账。税法规定，企业发生的与生产经营活动有关的业务招待费支出，按照发生额的 60%扣除，但最高不得超过当年销售(营业)收入的 5‰。按照税法规定，业务招待费超出税前扣除部分，在年终所得税汇算清缴时进行纳税调整。

业务 71　完工产品估价入库

【业务描述】 12 月 19 日，生产批号为 1105 的 DH-4 镀膜机完工入库 2 台，暂按材料成本结转。原始凭证见第三章会计综合模拟实训基础资料中的凭证 71-1。

【职业能力目标】 通过训练制作记账凭证、登记账簿等操作，掌握完工入库业务的会计处理方法，提升制单、审单、记账等职业技能。

【实训要求】 制作相关记账凭证并据以登记账簿。

【实训操作流程】 成本会计按入库产品所耗用材料估计结转成本，据以登记入账。

【操作提示】 鉴于人工和制造费用需要月末统一核算，模拟企业月中入库产品暂时按所消耗材料成本估计入账，待到月末人工成本、制造费用等核算完毕再调整该批产品的入库成本。

业务 72 生产领料

【业务描述】 12 月 19 日，批号为 1219，数量为 6 台的 DH-4 镀膜机投入生产，领用 14mm 不锈钢板 8.3 吨、30mm 不锈钢板 4 吨、25mm 不锈钢管 2.4 吨。原始凭证见第三章会计综合模拟实训基础资料中的凭证 72-1。

【职业能力目标】 通过训练开具领料单、制作记账凭证、登记账簿等操作，掌握领料业务的会计处理方法，提升制单、审单、记账等职业技能。

【实训要求】 开具领料单、制作相关记账凭证并据以登记账簿。

【实训操作流程】 领料员填制领料单，总账会计根据领料单填写转账凭证，材料会计、成本会计据以登记入账。

【操作提示】 领料业务也可集中于期末与结转材料成本差异一起做账务处理。但本教材建议：填制记账凭证编号时按教材列示业务编号进行编号，所有领用材料业务尽量在领用时处理，待期末时再结转材料成本差异。这样能保证凭证编号与业务编号相同，有利于核对。

业务 73 领用周转材料

【业务描述】 12 月 20 日，管理部门领用替换设备 1 台、生产车间领用替换设备 2 台。原始凭证见第三章会计综合模拟实训基础资料中的凭证 73-1 和凭证 73-2。

【职业能力目标】 通过训练制作记账凭证、登记账簿等操作，掌握领料业务的会计处理方法，提升制单、审单、记账等职业技能。

【实训要求】 填制领料单、制作相关记账凭证并据以登记账簿。

【实训操作流程】 领料员填制领料单，总账会计根据交割单填写付款凭证，材料会计、成本会计据以登记入账。

【操作提示】 领用周转材料业务与领用原材料业务的会计处理相同。

业务 74 收到抵债固定资产

【业务描述】 12 月 20 日，企业同意青岛镀膜公司以 2 台车床抵付所欠货款 187 200 元。交生产车间使用。原始凭证见第三章会计综合模拟实训基础资料中的凭证 74-1～凭证 74-3。

【职业能力目标】 通过训练填制固定资产验收单、制作记账凭证、登记账簿等操作，掌握债务重组业务的会计处理方法，提升制单、审单、记账等职业技能。

【实训要求】 填制固定资产验收单、制作相关记账凭证并据以登记账簿。

【实训操作流程】 总账会计根据固定资产验收单、增值税专用发票、债务重组报告填写转账凭证，固定资产会计、往来会计据以登记入账。

业务 75　确认利息收入

【业务描述】 12 月 20 日，收到企业“存款利息通知书”，利息 173.90 元。原始凭证见第三章会计综合模拟实训基础资料中的凭证 75-1。

【职业能力目标】 通过训练制作记账凭证、登记账簿等操作，提升制单、审单、记账等职业技能。

【实训要求】 制作相关记账凭证并据以登记账簿。

【实训操作流程】 总账会计根据银行收账通知填写收款凭证，出纳据以登记银行存款日记账。

【操作提示】 借方多栏式明细账是由会计人员根据审核无误的记账凭证或原始凭证逐笔登记的，平时在借方登记费用或成本的发生额，贷方登记月末将借方发生额一次转出的数额。如果不设贷方，月末将借方发生额一次转出时用红字记在借方。采用借方多栏式格式的账页，如果平时发生某个明细项目的贷方发生额，要用红字在相应明细项目的借方进行登记。

业务 76　支付购货款

【业务描述】 12 月 20 日，以转账支票支付前欠大连泵业公司货款 128 632.40 元。原始凭证见第三章会计综合模拟实训基础资料中的凭证 76-1。

【职业能力目标】 通过训练开具支票、制作记账凭证、登记账簿等操作，掌握付款业务的会计处理方法，提升制单、审单、记账等职业技能。

【实训要求】 开具支票、制作相关记账凭证并据以登记账簿。

【实训操作流程】 出纳填写转账支票，交采购员付款，总账会计根据存根填写付款凭证，出纳据以登记银行存款日记账。

业务 77　领用周转材料

【业务描述】 12 月 20 日，仓库发出劳动保护用品 50 套，其中，基本生产车间 25 套，动力车间 5 套，运输部门 5 套，综合办公室 15 套。原始凭证见第三章会计综合模拟实训基础资料中的凭证 77-1。

【职业能力目标】 通过训练制作记账凭证、登记账簿等操作，掌握领料业务的会计处理方法，提升制单、审单、记账等职业技能。

【实训要求】 填制领料单、制作相关记账凭证并据以登记账簿。

【实训操作流程】 领料员填制领料单，总账会计根据交割单填写付款凭证，材料会计、成本会计据以登记入账。

【操作提示】 领用周转材料业务与领用原材料业务的会计处理相同。

业务 78　支付费用

【业务描述】 12 月 20 日，用转账支票支付沈阳电视台广告费 6 000 元；支付下一年税务代理费 3 000 元。原始凭证见第三章会计综合模拟实训基础资料中的凭证 78-1～凭证 78-4。

【职业能力目标】 通过训练制作记账凭证、登记账簿等操作，掌握付费业务的会计处理方法，提升制单、审单、记账等职业技能。

【实训要求】 填制转账支票、制作相关记账凭证并据以登记账簿。

【实训操作流程】 出纳填写转账支票，交业务员付款，总账会计根据发票及支票副本填写付款凭证，出纳据以登记银行存款日记账。

业务79　收包装物押金

【业务描述】 12月23日，收到沈阳东方集团交来包装物押金2 000元，当日送存银行。原始凭证见第三章会计综合模拟实训基础资料中的凭证79-1和凭证79-2。

【职业能力目标】 通过训练开具收款收据、填制现金交款单、制作记账凭证、登记账簿等操作，掌握收取押金业务的会计处理方法，提升制单、审单、记账等职业技能。

【实训要求】 制作相关记账凭证并据以登记账簿。

【实训操作流程】 出纳开具收款收据、填制现金交款单，送存银行，总账会计根据收款收据填写收款凭证；根据交款单回单填写付款凭证，出纳据以登记银行存款日记账。

【操作提示】 收、付款凭证的选择，要看业务所涉及的“库存现金”或“银行存款”两个科目是收款还是付款，如果是收款就选择填制收款凭证，如果是付款就选择付款凭证。当一项业务同时涉及“库存现金”、“银行存款”时，会出现既有收款又有付款的情况，这时就选择填制付款凭证。

业务80　以产品对外投资

【业务描述】 12月23日，企业以DH-4(1105)镀膜机2台作为对深圳金时达公司的投资，双方协商作价550 000元，占深圳金时达公司49%的股份。每台正常对外销售价为236 400元，每台实际成本暂按114 000元计算。原始凭证见第三章会计综合模拟实训基础资料中的凭证80-1～凭证80-3。

【职业能力目标】 通过训练开具销货单、开具发票、制作记账凭证、登记账簿等操作，掌握以产品对外投资业务的会计核算，提升制单、审单、记账等职业技能。

【实训要求】 开具销货单、开具发票、填制进账单、制作相关记账凭证并据以登记账簿。

【实训操作流程】 投资部签订投资协议，销售部按产品销售处理后，税务会计根据销货单，填开增值税专用发票，总账会计根据销售部提供的“销货单—财务联”、“增值税专用发票—记账联”、银行进账单填写记账凭证，税务会计、出纳分别据以登记入账。

【操作提示】 销售成本的结转工作在月末进行，出库单转存后期处理。

业务81　接受捐赠

【业务描述】 12月23日，接受捐献八成新的电控车床1台，市场同类资产价格为160 000元。电控车床交基本车间投入使用。原始凭证见第三章会计综合模拟实训基础资料中的凭证81-1和凭证81-2。

【职业能力目标】 通过训练制作记账凭证、登记账簿等操作，掌握接受捐献业务的会计处理方法，提升制单、审单、记账等职业技能。

【实训要求】 填制固定资产移交清单、制作相关记账凭证并据以登记账簿。

【实训操作流程】 固定资产会计填制固定资产交付使用单，总账会计根据捐赠协议、固定资产交付使用单填写记账凭证，据以登记明细账。

【操作提示】 重置完全价值即市场同类资产价格，在确定重置价值时用重置完全价值乘以成新率。

业务 82　购买国债

【业务描述】　12 月 23 日，从沈阳证券公司购买三年期国库券 200 000.00 元，准备长期持有。原始凭证见第三章会计综合模拟实训基础资料中的凭证 82-1。

【职业能力目标】　通过训练制作记账凭证、登记账簿等操作，掌握投资业务的会计处理方法，提升制单、审单、记账等职业技能。

【实训要求】　制作相关记账凭证并据以登记账簿。

【实训操作流程】　投资会计取回股票交割单，总账会计根据交割单填写付款凭证，出纳据以登记其他货币资金明细账。

【操作提示】　进行债券投资，可以通过银行柜台开债券账户买债券，也可以通过证券公司开证券账户买上市交易型债券。通过银行柜台购买通过"银行存款"账户付款，而通过证券公司开证券账户购买，则通过"其他货币资金——存出投资款"账户核算。

业务 83　分派利润

【业务描述】　12 月 24 日，公司对外宣告：经股东会表决通过，本公司上半年的利润分配方案，共派发利润 800 000 元。原始凭证见第三章会计综合模拟实训基础资料中的凭证 83-1。

【职业能力目标】　通过训练制作记账凭证、登记账簿等操作，掌握利润分配业务的会计处理，提升制单、审单、记账等职业技能。

【实训要求】　制作相关记账凭证并据以登记账簿。

【实训操作流程】　总账会计根据股东会决议、会计政策等填写付款凭证，往来会计据以登记入账。

【操作提示】　会计政策规定：按照公司章程，股利分配以投资比例对外分派。

业务 84　补缴税款及罚款

【业务描述】　12 月 24 日，接到税务局处罚通知，补缴税款及罚款，并计提应缴的城市维护建设税和教育费附加。原始凭证见第三章会计综合模拟实训基础资料中的凭证 84-1 和凭证 84-2。

【职业能力目标】　通过训练填制税费附加计算单、制作记账凭证、登记账簿等操作，熟悉补缴税款的会计处理，提升制单、审单、记账等职业技能。

【实训要求】　填制税费附加计算单、制作相关记账凭证并据以登记账簿。

【实训操作流程】　税收会计填写税费附加计算单，总账会计根据税款滞纳金、罚金专用缴款书、税费附加计算单填写付款凭证，出纳据以登记银行存款日记账。

【操作提示】　税款滞纳金、罚金不能税前列支，计算所得税时需要做纳税调整。

业务 85　债务重组

【业务描述】　12 月 24 日，沈阳市东方集团因财务状况恶化，请求将其所欠货款 234 000元，减少为 200 000 元，经研究，董事会同意。原始凭证见第三章会计综合模拟实训基础资料中的凭证 85-1。

【职业能力目标】　通过训练制作记账凭证、登记账簿等操作，掌握债务重组业务的会计处理方法，提升制单、审单、记账等职业技能。

【实训要求】　制作相关记账凭证并据以登记账簿。

【实训操作流程】 总账会计根据重组协议填写记账凭证，据以登记明细账。

【操作提示】 修改其他债务条件的债务重组，债权人应当将修改其他债务条件后的债权的公允价值作为重组后债权的账面价值，重组债权的账面余额与重组后债权的账面价值之间的差额，确认为债务重组损失，计入当期损益。债权人已对债权计提减值准备的，应当先将该差额冲减减值准备，减值准备不足以冲减的部分，确认为债务重组损失，计入当期损益。

业务 86 盘盈材料

【业务描述】 12 月 24 日，财产清查时盘盈 14mm 不锈钢板 0.5 吨，经查系计量误差所致。原始凭证见第三章会计综合模拟实训基础资料中的凭证 86-1。

【职业能力目标】 通过训练制作记账凭证、登记账簿等操作，掌握财产清查业务的会计处理方法，提升制单、审单、记账等职业技能。

【实训要求】 填制财产物资盘盈盘亏报告单、制作相关记账凭证并据以登记账簿。

【实训操作流程】 盘点存货小组盘点材料仓库，填写存货盘点表；主管部门对发现盘盈的材料进行处理；总账会计根据盘点表、盘点报告书填写记账凭证，据以登记明细账。

【操作提示】 财产清查业务要分处理前、处理后分别进行处理。

业务 87 盘盈固定资产

【业务描述】 12 月 28 日，企业在财产清查时，发现账外动力车间使用电焊机 1 台，重置完全价值 2 900 元，估计已计提折旧 700 元。原始凭证见第三章会计综合模拟实训基础资料中的凭证 87-1。

【职业能力目标】 通过训练制作记账凭证、登记账簿等操作，掌握财产清查业务的会计处理方法，提升制单、审单、记账等职业技能。

【实训要求】 填制财产物资盘盈盘亏报告单、制作相关记账凭证并据以登记账簿。

【实训操作流程】 盘点小组盘点固定资产，填写固定资产盘点表；主管部门对发现盘盈的固定资产进行处理；总账会计根据盘点表、盘点报告书填写记账凭证，据以登记明细账。

【操作提示】 企业在财产清查中盘盈的固定资产，作为前期差错处理。企业在财产清查中盘盈的固定资产，在按管理权限报经批准处理前应先通过“以前年度损益调整”科目核算。

业务 88 发行公司债券

【业务描述】 12 月 28 日，经批准委托证券交易所发行两年期、票面金额为 100 元、票面利率为 3%的公司债券 5 000 000 元，发行完毕，筹资额存入银行(筹资费率 2‰)。原始凭证见第三章会计综合模拟实训基础资料中的凭证 88-1。

【职业能力目标】 通过训练制作记账凭证、登记账簿等操作，掌握发行公司债券的会计核算，提升制单、审单、记账等职业技能。

【实训要求】 制作相关记账凭证并据以登记账簿。

【实训操作流程】 总账会计根据银行进账回单填写收款凭证，出纳据以登记银行存款日记账。

【操作提示】 企业发行债券时，如果发行费用大于发行期间冻结资金所产生的利息收入，按发行费用减去期间冻结资金所产生的利息收入后的差额，计入当期财务费用。如果发行费用小于发行期间冻结资金所产生的利息收入，按发行期间冻结资金所产生的利息收入减去发行费用后的差额，视同发行债券的溢价收入，在债券存续期间于计提利息时摊销。

业务89　购入福利用品

【业务描述】 12月29日，用转账支票从沈阳家乐福购入苹果、鱼等款项56 500元，用于生产员工新年福利。原始凭证见第三章会计综合模拟实训基础资料中的凭证89-1和凭证89-2。

【职业能力目标】 通过训练制作记账凭证、登记账簿等操作，掌握购入福利用品业务的会计处理方法，提升制单、审单、记账等职业技能。

【实训要求】 开具转账支票、材料入库单、制作相关记账凭证并据以登记账簿。

【实训操作流程】 出纳开具转账支票，采买购货，总账会计根据发票、支票存根填制付款凭证，出纳据以登记银行存款。

【操作提示】 该业务账务处理时，需通过“应付职工薪酬——非货币性福利”科目核算，同时，再将其记入“管理费用——福利费”科目。

业务90　取得长期借款

【业务描述】 12月30日，从工商银行开发区支行取得2年期借款1 000 000元。原始凭证见第三章会计综合模拟实训基础资料中的凭证90-1。

【职业能力目标】 通过训练开具支票、制作记账凭证、登记账簿等操作，掌握取得借款业务的会计处理方法，提升制单、审单、记账等职业技能。

【实训要求】 制作相关记账凭证并据以登记账簿。

【实训操作流程】 总账会计根据银行借款凭证回单及借款申请书回单填写收款凭证，出纳据以登记银行存款日记账。

【操作提示】 贷款人、借款利率、借款期限等内容应记入备查簿中，以备计算利息用。

业务91　支付电费

【业务描述】 12月30日，接银行通知，支付电费89 575.20元，其中增值税13 015.20元。各车间、部门用电量情况为：基本生产车间82 000千瓦、动力车间16 000千瓦、管理部门18 600千瓦、运输部门15 400千瓦。原始凭证见第三章会计综合模拟实训基础资料中的凭证91-1～凭证91-3。

【职业能力目标】 通过训练开具支票、制作记账凭证、登记账簿等操作，掌握支付水电费业务的会计处理，提升制单、审单、记账等职业技能。

【实训要求】 制作相关记账凭证并据以登记账簿。

【实训操作流程】 出纳填写转账支票，支付电费，总账会计根据存根、增值税专用发票填写付款凭证，出纳据以登记银行存款日记账、成本会计据以登记费用账。

业务92　支付水费

【业务描述】 12月30日，按银行通知，支付水费22 600.00元，其中增值税2 938.00元。各车间、部门用水量情况为：基本生产车间3 200立方米、动力车间1 100立方米、管理部门2 000立方米、运输部门2 740立方米。原始凭证见第三章会计综合模拟实训基础资料中的凭证 92-1～凭证 92-3。

【职业能力目标】 通过训练开具支票、制作记账凭证、登记账簿等操作，掌握支付水电费业务的会计处理，提升制单、审单、记账等职业技能。

【实训要求】 制作相关记账凭证并据以登记账簿。

【实训操作流程】 出纳填写转账支票，支付水费，总账会计根据存根、增值税专用发票填写付款凭证，出纳据以登记银行存款日记账、成本会计据以登记费用账。

业务 93 分配职工薪酬

【业务描述】 12 月 31 日，按受益部门分配 12 月份职工薪酬。其中生产一线员工按产品耗用工时分配，各产品耗用工时情况为：DH-3 耗用 15 840 小时、DH-4(1105 号)耗用 13 290 小时、DH-4(1219 号)耗用 3 600 小时、DH-5 耗用 13 580 小时、DH-6 耗用 4 090 小时。原始凭证见第三章会计综合模拟实训基础资料中的凭证 93-1 和凭证 93-2。

【职业能力目标】 通过训练填制工资费用分配表、制作记账凭证、登记账簿等操作，掌握分配职工薪酬业务的会计处理，提升制单、审单、记账等职业技能。

【实训要求】 填制工资费用分配表、制作相关记账凭证并据以登记账簿。

【实训操作流程】 成本会计填制工资费用分配表，总账会计根据工资费用分配表填写转账凭证，成本会计、往来会计据以登记入账。

【操作提示】 生产一线员工工资按产品耗用工时分配时，分配比例精确到小数点后 5 位。

业务 94 核算工资附加费用

【业务描述】 12 月 31 日，计算本月企业应负担的五险一金、工会经费和职工教育经费。按本月公司实际支付工资数额 125 000 元的 28%(其中个人负担 8%)、10%(其中个人负担 2%)、3%(其中个人负担 1%)和 1.5%，0.6%分别计算养老保险、医疗保险、失业保险、工伤保险和生育保险。按 2%和 1.5%计算工会经费和职工教育经费。按上年平均工资额 125 000 元的 20%(个人负担 10%)计算住房公积金。各部门工资基数见凭证 93-1。原始凭证见第三章会计综合模拟实训基础资料中的凭证 94-1 和凭证 94-2。

【职业能力目标】 通过训练填制工资附加费用分配表、制作记账凭证、登记账簿等操作，掌握分配职工薪酬业务的会计处理，提升制单、审单、记账等职业技能。

【实训要求】 填制工资附加费用分配表、制作相关记账凭证并据以登记账簿。

【实训操作流程】 成本会计填制工资附加费用分配表，总账会计根据工资费用分配表填写转账凭证，成本会计、往来会计据以登记入账。

【操作提示】 生产一线员工工资附加费用按产品耗用工时分配时，分配比例精确到小数点后 5 位。

业务 95 结转材料成本差异

【业务描述】 12 月 31 日，计算材料成本差异率，并结转发出材料成本差异。原始凭证见第三章会计综合模拟实训基础资料中的凭证 95-1 和凭证 95-2。

【职业能力目标】 通过训练填制材料成本差异率计算表、填制发料汇总表、制作记账凭证、登记账簿等操作，掌握结转材料成本差异的会计处理，提升制单、审单、记账等职业技能。

【实训要求】 填制材料成本差异率计算表、发料凭证汇总表并制作相关记账凭证据以登记账簿。

【实训操作流程】 材料会计填制材料成本差异率计算表、发料凭证汇总表，总账会计根据发料凭证汇总表填写会计凭证，材料会计、成本会计据以登记入账。

【操作提示】 实训时也可以根据发料凭证汇总表，编制材料发出记账凭证，但要注意不要与前面重复。差异率计算精确到小数点后5位。

业务96 摊销无形资产

【业务描述】 12月31日，编制“无形资产摊销”明细表，按无形资产原值的2%摊销无形资产。原始凭证见第三章会计综合模拟实训基础资料中的凭证96-1。

【职业能力目标】 通过训练编制“无形资产摊销”明细表、制作记账凭证、登记账簿等操作，掌握无形资产摊销会计处理，提升制单、审单、记账等职业技能。

【实训要求】 训练编制“无形资产摊销”明细表、制作相关记账凭证并据以登记账簿。

【实训操作流程】 总账会计编制“无形资产摊销”明细表，总账会计根据明细表填写记账凭证，成本会计据以登记入账。

【操作提示】 无形资产的摊销期自其可供使用时起至终止确认时止，即无形资产的起始和停用期为：当月增加的无形资产，当月开始摊销；当月减少的无形资产，当月不再摊销。出租的无形资产，其摊销金额计入其他业务成本。

业务97 盘亏存货

【业务描述】 12月31日，上月盘亏30mm不锈钢板24 597.56元。经查系保管员监守自盗，综合办公室决定除由保管员赔偿外，并处以钢材价格一倍的罚款，调离保管员岗位。原始凭证见第三章会计综合模拟实训基础资料中的凭证97-1。

【职业能力目标】 通过训练制作记账凭证、登记账簿等操作，掌握财产清查业务的会计处理方法，提升制单、审单、记账等职业技能。

【实训要求】 填制财产物资盘盈盘亏报告单、制作相关记账凭证并据以登记账簿。

【实训操作流程】 盘点存货小组盘点材料仓库，填写存货盘点表；主管部门对发现盘亏的材料进行处理；总账会计根据盘点表、盘点报告书填写记账凭证，据以登记明细账。

【操作提示】 此盘亏事项已于上月末暂作“管理费用”入账处理，本月处理时应先回复前期分录。

业务98 计提固定资产折旧

【业务描述】 12月31日，计提12月固定资产折旧。原始凭证见第三章会计综合模拟实训基础资料中的凭证98-1。

【职业能力目标】 通过训练填制固定资产折旧计算表、制作记账凭证、登记账簿等操作，掌握固定资产折旧计算及其确认的会计处理，提升制单、审单、记账等职业技能。

【实训要求】 填制固定资产折旧计算表并制作相关记账凭证并据以登记账簿。

【实训操作流程】 总账会计填制固定资产折旧计算表，根据折旧计算表填写记账凭证，成本会计、固定资产会计据以登记入账。

【操作提示】 企业一般应按月计提固定资产折旧。企业在实际计提固定资产折旧时，当月增加的固定资产，当月不提折旧，从下月起计提折旧；当月减少的固定资产，当月照提折旧，从下月起不提折旧。固定资产提足折旧后，不论能否继续使用，均不再计提折旧；提前报废的固定资产，也不再补提折旧。

业务 99　计提房产税

【业务描述】 12 月 31 日，计提 2013 年第四季度的房产税（房屋折旧扣除率 20%），计提 2013 年度土地使用税，公司实际占用面积 5 000 平方米，每平方米税额 4.00 元。原始凭证见第三章会计综合模拟实训基础资料中的凭证 99-1 和凭证 99-2。

【职业能力目标】 通过训练制作记账凭证、登记账簿等操作，掌握计提税费业务的会计处理方法，提升制单、审单、记账等职业技能。

【实训要求】 填制房产税计算表、土地使用税计算表、制作相关记账凭证并据以登记账簿。

【实训操作流程】 税务会计填制税费单，总账会计根据交割单填写记账凭证并据以登记明细账。

【操作提示】 房产税、土地使用税记入"管理费用"科目。

业务 100　计算借款利息

【业务描述】 12 月 31 日，计算借款利息。其中短期借款利率为 3.6%，长期借款利率为 7.2%。原始凭证见第三章会计综合模拟实训基础资料中的凭证 100-1。

【职业能力目标】 通过训练填制应付利息计算表、制作记账凭证、登记账簿等操作，熟悉借款利息的计算及会计核算，提升制单、审单、记账等职业技能。

【实训要求】 训练填制应付利息计算表，制作相关记账凭证并据以登记账簿。

【实训操作流程】 成本会计填制应付利息计算表，总账会计根据计算表填写记账凭证，往来会计、成本会计据以登记入账。

业务 101　计提坏账准备

【业务描述】 12 月 31 日，计提坏账准备。已知全部应收款项均未超 1 年。原始凭证见第三章会计综合模拟实训基础资料中的凭证 101-1。

【职业能力目标】 通过训练填制坏账准备计算表、制作记账凭证、登记账簿等操作，掌握坏账准备计算及确认等会计处理，提升制单、审单、记账等职业技能。

【实训要求】 填制坏账准备计算表，制作相关记账凭证并据以登记账簿。

【实训操作流程】 往来会计填制坏账准备计算表，总账会计根据计算表填写记账凭证，往来会计、成本会计据以登记入账。

【操作提示】 企业应当定期或者至少每年年度终了，对应收款项进行全面检查，预计各项应收款项可能发生的坏账，对于没有把握收回的应收款项，应当计提坏账准备。本教材涉及计提坏账准备的账户有"应收账款"、"其他应收款"、"预付账款"三个。

业务 102　分配长期待摊费用

【业务描述】 12 月 31 日，编制"长期待摊费分配表"，分配本月应负担的长期待摊费用。原始凭证见第三章会计综合模拟实训基础资料中的凭证 102-1。

【职业能力目标】 通过训练编制"长期待摊费分配表"、制作记账凭证、登记账簿等操作，熟悉长期待摊费分配的会计核算，提升制单、审单、记账等职业技能。

【实训要求】 编制"长期待摊费分配表"、制作相关记账凭证并据以登记账簿。

【实训操作流程】 总账会计编制“长期待摊费分配表”，根据分配表填写记账凭证，成本会计据以登记入账。

【操作提示】 本教材所列示的长期待摊费系租入A固定资产改良支出。原价28 920.00元；分摊时间20个月；剩余时间2个月。

业务103 确认公允价值变动损益

【业务描述】 12月31日，交易性金融资产中的股票投资的股票公允价值高于账面价值55 145元，调整其差额。原始凭证见第三章会计综合模拟实训基础资料中的凭证103-1。

【职业能力目标】 通过训练填制公允价值变动表、制作记账凭证、登记账簿等操作，熟悉确认公允价值变动损益的会计处理，提升制单、审单、记账等职业技能。

【实训要求】 填制交易性金融资产价值变动表，制作相关记账凭证并据以登记账簿。

【实训操作流程】 总账会计编制“填制公允价值变动表”，根据变动表填写记账凭证，成本会计据以登记入账。

业务104 分配辅助生产费用

【业务描述】 12月31日，采用交互分配法分配辅助生产车间的费用。原始凭证见第三章会计综合模拟实训基础资料中的凭证104-1和凭证104-2。

【职业能力目标】 通过填制辅助生产费用分配表、基本生产车间辅助生产费用分配表、制作记账凭证、登记账簿等操作，掌握辅助生产费用的分配方法及其会计核算，提升制单、审单、记账等职业技能。

【实训要求】 填制辅助生产费用分配表、基本生产车间辅助生产费用分配表，制作相关记账凭证并据以登记账簿。

【实训操作流程】 成本会计填制辅助生产费用分配表，总账会计根据分配表填写记账凭证，成本会计据以登记入账。

【操作提示】 交互分配法，辅助生产车间的费用分为两个阶段进行分配。第一阶段将各辅助生产车间互相提供的服务量按交互分配前的单位成本，在辅助生产车间之间进行第一次交互分配；第二阶段再将各辅助生产车间交互分配后的费用(即原费用加上交互分配转入的费用，减去交互分配转出的费用)，按其提供给基本生产车间和其他部门的服务量和交互分配后的单位成本，在辅助生产车间以外的各受益单位之间进行分配。分配率计算精确到小数点后5位。

业务105 分配制造费用

【业务描述】 12月31日，以人工工时法分配制造费用。原始凭证见第三章会计综合模拟实训基础资料中的凭证105-1。

【职业能力目标】 通过训练开具支票、制作记账凭证、登记账簿等操作，提升制单、审单、记账等职业技能。

【实训要求】 填制制造费用分配表，制作相关记账凭证并据以登记账簿。

【实训操作流程】 成本会计根据产品实际工时，填写制造费用分配表，根据分配表填写记账凭证，据以登记入账。

【操作提示】 分配率计算精确到小数点后5位。

业务 106　结转完工入库产品成本

【业务描述】 12 月 31 日,10 月 25 日投产的 1025 号 DH-3 镀膜机完工入库。结转全月完工产品成本。DH-4(1219)月末在产品耗用工时 36 00 小时。DH-5 月末在产品耗用工时 13 580 小时、DH-6 月末在产品耗用工时 4 090 小时。原始凭证见第三章会计综合模拟实训基础资料中的凭证 106-1～凭证 106-3。

【职业能力目标】 通过训练填制产品成本分配表、本月产品生产成本汇总计算单、产品入库单、制作记账凭证、登记账簿等操作,掌握完工成本结转的会计核算,提升制单、审单、记账等职业技能。

【实训要求】 填制产品成本分配表、本月产品生产成本汇总计算单、产品入库单,制作相关记账凭证并据以登记账簿。

【实训操作流程】 成本会计汇总本月产品生产成本,编制产品成本分配表,根据产品成本分配表填写记账凭证,据以登记入账。

【操作提示】 调整已入库产品 1105 批号 DH-4 的成本,前面已经按材料结转了部分成本。

业务 107　结转已销产品成本

【业务描述】 12 月 31 日,结转已销产品的成本。原始凭证见第三章会计综合模拟实训基础资料中的凭证 107-1、凭证 29-3、凭证 58-3、凭证 39-3、凭证 80-3。

【职业能力目标】 通过训练填制产品销售成本计算表、制作记账凭证、登记账簿等操作,掌握产品销售成本计算及其核算,提升制单、审单、记账等职业技能。

【实训要求】 填制产品销售成本计算表,制作相关记账凭证并据以登记账簿。

【实训操作流程】 成本会计根据出库单填写记账凭证,据以登记入账。

【操作提示】 实训企业采用个别计价法核算产品销售成本。

业务 108　计算应缴营业税

【业务描述】 12 月 31 日,计算当期应缴的营业税。原始凭证见第三章会计综合模拟实训基础资料中的凭证 108-1。

【职业能力目标】 通过训练填制营业税金计算表、制作记账凭证、登记账簿等操作,掌握填制营业税金计算及其账务处理,提升制单、审单、记账等职业技能。

【实训要求】 填制营业税金计算表,制作相关记账凭证并据以登记账簿。

【实训操作流程】 总账会计填制营业税金计算表,根据计算表填写记账凭证,据以登记入账。

业务 109　计算城建税和教育费附加

【业务描述】 12 月 31 日,计算当期应缴的城市维护建设税和教育费附加及地方教育费附加。原始凭证见第三章会计综合模拟实训基础资料中的凭证 109-1。

【职业能力目标】 通过训练填制城市维护建设税和教育费附加计算表、制作记账凭证、登记账簿等操作,掌握填制城市维护建设税和教育费附加计算及其账务处理,提升制单、审单、记账等职业技能。

【实训要求】 填制城市维护建设税和教育费附加及地方教育费附加计算表,制作相关记账凭证并据以登记账簿。

【实训操作流程】 总账会计填制城市维护建设税和教育费附加计算表，根据计算表填写记账凭证，据以登记入账。

业务 110 结转损益

【业务描述】 12 月 31 日，结转各损益类账户。原始凭证见第三章会计综合模拟实训基础资料中的凭证 110-1 和凭证 110-2。

【职业能力目标】 通过训练结转各损益类账户、制作记账凭证、登记账簿等操作，掌握结转损益的业务处理，提升制单、审单、记账等职业技能。

【实训要求】 填制内部转账单结转各损益类账户，制作相关记账凭证并据以登记账簿。

【实训操作流程】 总账会计填制内部转账单结转各损益类账户，根据转账单填写记账凭证，据以登记入账。

业务 111 计算所得税

【业务描述】 12 月 31 日，计算本月所得税费用。原始凭证见第三章会计综合模拟实训基础资料中的凭证 111-1。

【职业能力目标】 通过训练填制所得税计算表、制作记账凭证、登记账簿等操作，掌握所得税会计处理，提升制单、审单、记账等职业技能。

【实训要求】 填制所得税计算表，制作相关记账凭证并据以登记账簿。

【实训操作流程】 总账会计填制所得税计算表，根据计算表填写记账凭证，据以登记入账。

【操作提示】 关注纳税调整项目。

业务 112 结转所得税

【业务描述】 12 月 31 日，结转所得税费用。原始凭证见第三章会计综合模拟实训基础资料中的凭证 112-1。

【职业能力目标】 通过填制公司内部转账单结转所得税费用、制作记账凭证、登记账簿等操作，提升制单、审单、记账等职业技能。

【实训要求】 填制公司内部转账单结转所得税费用，制作相关记账凭证并据以登记账簿。

【实训操作流程】 总账会计填制公司内部转账单结转所得税费用，根据结算单填写记账凭证，据以登记入账。

业务 113 结转净利润

【业务描述】 12 月 31 日，结转全年净利润。原始凭证见第三章会计综合模拟实训基础资料中的凭证 113-1。

【职业能力目标】 通过训练计算并结转全年净利润、制作记账凭证、登记账簿等操作，熟悉净利润的计算，提升制单、审单、记账等职业技能。

【实训要求】 填制公司内部转账单计算并结转全年净利润，制作相关记账凭证并据以登记账簿。

【实训操作流程】 总账会计填制公司内部转账单计算并结转全年净利润，根据结算单填写记账凭证，据以登记入账。

业务 114 分配利润

【业务描述】 12 月 31 日，分配利润额。按全年税后利润的 10%提取法定盈余公积金，按全年税后利润的5%提取任意公积金。原始凭证见第三章会计综合模拟实训基础资料中的凭证114-1。

【职业能力目标】 通过训练填制利润分配表、制作记账凭证、登记账簿等操作，提升制单、审单、记账等职业技能。

【实训要求】 填制利润分配表，制作相关记账凭证并据以登记账簿。

【实训流程】 总账会计填制利润分配表、记账凭证，据以登记明细账。

业务115　结转已分配利润

【业务描述】 12月31日，结转已分配利润。原始凭证见第三章会计综合模拟实训基础资料中的凭证115-1。

【职业能力目标】 通过训练填制公司内部转账单结转已分配利润、制作记账凭证、登记账簿等操作，熟悉利润分配明细账间的结转，提升制单、审单、记账等职业技能。

【实训要求】 填制公司内部转账单结转已分配利润，制作相关记账凭证并据以登记账簿。

【实训操作流程】 总账会计填制公司内部转账单结转已分配利润，根据结算单填写记账凭证，据以登记入账。

【操作提示】 需要将全年已分配利润，从“利润分配”各明细账中转入“利润分配——未分配利润”账户。

2.3.2　记录总分类账

【业务描述】 12月31日，采用科目汇总表会计核算形式，对16～31日发生的业务进行汇总，试算平衡后登记总分类账户。

【职业能力目标】 通过训练，熟悉企业设置总账的用途；掌握企业丁字形账、科目汇总表的编制方法、发生额的试算平衡，总账的过账方法等实务操作技能。

【实训要求】 训练登记各丁字形账户、填制科目汇总表并据以登记账簿。

【实训操作流程】 总账会计根据记账凭证登记各丁字账户，根据各丁字账本期发生额填制科目汇总表，再根据科目汇总表登记总分类账户。

2.4　期末结账与凭证归档

业务2.4.1　期末结账

【业务描述】 12月31日后，进行期末结账工作。

【职业能力目标】 通过训练熟悉会计期末结账规则，掌握各类账簿结账技巧等职业技能。

【实训要求】 根据账簿性质分别结出12月余额和全年累计余额。

【实训操作流程】 出纳填写现金支票，送银行提取现金，总账会计根据存根填写付款凭证，出纳据以登记银行存款日记账。

【操作提示】 结账的方法和要求如下。

(1) 及时结账。现金和银行存款日记账、债权债务、材料、产品等明细账应随时结出余额；总账和其他明细账可到月终时结出余额。现金和银行存款日记账、产品（商品）账、费用（不含多栏式）账等应在每月记完最后一笔账时，结出本月发生额的合计数；损益、利润等明细账除应每月结计发生额合计数外，还应按月结出年初起至本月止的累计发生额；总分类账应在年度终了结计出全部发生额合计数。不得为赶编报表而提前结账，也不得先编报表，后结账。

(2) 正确做出结账标记。结账一般采用划线结账的方法。结账划线的目的，是为了突出本月合计数及月末余额，表示本会计期的会计记录已经截止或结束，并将本期与下期的记录明显分开。根据规范规定，月结划单线，年结划双线。划线时，应划红线；划线应划通栏线，不应只在本账页中的金额部分划线。

(3) 正确填写账户余额。每月结账时，应将月末余额写在本月最后一笔经济业务记录的同一行内。但在现金日记账、银行存款日记账和其他需要按月结计发生额的账户，如各种成本、费用、收入的明细账等，每月结账时，还应将月末余额与本月发生额写在同一行内，在摘要栏注明“本月合计”字样。这样做，账户记录中的月初余额加减本期发生额等于月末余额，便于账户记录的稽核。需要结计本年累计发生额的某些明细账户，每月结账时，“本月合计”行已有余额的，“本年累计”行就不必再写余额。

业务 2.4.2 凭证归档

【业务描述】 12 月 31 日后，整理装订会计凭证，归入会计档案。

【职业能力目标】 通过训练熟悉会计档案归档整理要求；掌握会计凭证装订方法等职业技能。

【实训要求】 会计凭证收集齐全，分类准确，装订整齐，认真填写会计凭证封面。

【实训操作流程】 总账会计归类整理凭证，按时间或按顺序号逐张排放，装订成册，再将装订好的凭证入盒，交由专人负责保管。

【操作提示】

(1) 会计凭证的分类。首先，要把所有应归档的会计凭证收集齐全，并根据记账凭证的种类进行分类。一般分为现金收付款凭证、银行存款收付款凭证、转账凭证共三类五种。根据不同的种类，按时间或按顺序号逐张排放好。其次，整理记账凭证的附件，剔除不属于会计档案范围和没有必要归档的一些资料，补充遗漏的必不可少的核算资料。凡超过记账凭证宽度和长度的原始凭证，都要整齐地折叠进去。要特别注意装订线孔处的折叠方法，防止装订以后再也翻不开了。再次，清除订书针、大头针、曲别针等金属物。最后，将每类记账凭证按适当厚度分成若干本。每册的厚度应尽量保持一致，但同时要兼顾科目汇总表的汇总范围，原则上每册记账凭证都应有个科目汇总表，要附在该册封面之后，凭证之前。还要注意不能把一张几页的记账凭证拆开分在两册之中。

(2) 会计凭证的装订。会计凭证的装订分手工装订和机器装订。机器装订如装订图书，此处不作介绍。这里只说明用线绳装订的手工操作程序和方法。首先，加具封面。封面应用较为结实耐磨、耐拉扯的牛皮纸为宜。封面与凭证要磕迭整齐，用铁夹夹紧。然后，用铅笔在凭证封面的左上角划一条分角线，将直角分成两个 45°的角，并在分角线的适当位置上选两个点打孔，作为装订线眼。这两个孔眼不能太靠近左上角的顶端，太近了装订后难以做到牢固和平整；也不能太靠下，太靠下又容易把原始凭证的内容订进去，给查阅带来困难。可在距上角的顶端2～4厘米的范围内确定两孔的位置。两孔之间也不能太近。其次，用尼龙绳分别穿眼，与凭证左上角成对应直角（即形成小正方形）穿绕若干次，扎紧扎牢。最后，用条宽6厘米左右的牛皮纸条做包角纸，先从凭证背面折叠纸条粘贴，再绕向正面折叠粘贴，再绕后背面，裁去一个三角形粘牢，全部包角纸应在凭证左上方形成一个三角形。以上程序完成后，整个凭证即成册，牢固、美观、大方，且便于查阅。

(3) 会计凭证的归档。首先要认真填好会计凭证封面。封面各记事栏是事后查账和查证有关事项的最基础的索引。主要内容有“单位及凭证名称”，要写全称，如“宏华工厂收款凭证”或“胜达工厂记账凭证”等；“启用日期”，不要不填或只填月、日，要把年、月、日写全；“本月共××册、本册是××册”要写清楚；“凭证张数××自×号至×号”填本册共多少张及其起讫号码；“保管期限”是按规定要求本册凭证应保管多少年；“会计主管”和“装订人”要由会计主管人员和装订人员分别签章，并在装订角封口处，加盖骑缝章；其次，要填好卷背上的项目。卷背上一般应写上是“某年某月凭证”和案卷号。案卷号主要是为了便于保存、查找，一般由档案部门统一编号，卷背上的编号应与封面案卷号一致。再次，将装订好的凭证入盒，由专人负责保管。

2.5 会计报表与纳税申报表编制

2.5.1 会计报表编制

业务2.5.1(1) 资产负债表

【业务描述】 12月31日后，编制资产负债表。报表见第三章会计综合实训基础资料中的表3-1～表3-5。

【职业能力目标】 通过训练能够熟练、正确编制资产负债表等职业技能。

【实训要求】 掌握编制资产负债表的方法与技巧。

【实训操作流程】 报表会计根据账户资料逐项填制资产负债表。

【操作提示】 财务报表的编制，基本都是通过对日常会计核算记录的数据加以归集、整理来实现的。为了提供比较信息，资产负债表的各项目均需填列“年初余额”和“期末余额”两栏数字。其中，“年初余额”栏内各项目的数字，可根据上年末资产负债表“期末余额”栏相应项目的数字填列。如果本年度资产负债表规定的各个项目的名称和内容与上年度不相一致，应当对上年年末资产负债表各个项目的名称和数字按照本年度的规定进行调整。“期末余额”栏各项目的填列方法如下。

(1) 根据明细账户期末余额分析计算填列。例如，“应收账款”项目，应根据“应收账款”账户和“预收账款”账户所属明细账户的期末借方余额合计数，减去“坏账准备”账户所属“应收账款”明细账期末余额后的金额填列。“预付款项”项目，应根据“预付账款”账户和“应付账款”账户所属明细账户的期末借方余额合计数，减去“坏账准备”账户所属“预付款项”明细账期末余额后的金额填列。“应付账款”项目，应根据“应付账款”账户和“预付账款”账户所属明细账户的期末贷方余额合计数填列。“预收款项”项目，应根据“预收账款”账户和“应收账款”账户所属明细账户的期末贷方余额合计数填列。“应收票据”、“应收股利”、“应收利息”、“其他应收款”项目应根据各相应账户的期末余额，减去“坏账准备”

账户中相应各项目计提的坏账准备期末余额后的金额填列。

(2) 根据总账账户期末余额计算填列。例如,“货币资金”项目,应根据“库存现金”、“银行存款”和“其他货币资金”等账户的期末余额合计填列。“未分配利润”项目,应根据“本年利润”账户和“利润分配”账户的期末余额计算填列,如为未弥补亏损,则在本项目内以“—”号填列,年末结账后,“本年利润”账户已无余额,“未分配利润”项目应根据“利润分配”账户的年末余额直接填列,贷方余额以正数填列,如为借方余额,应以“—”号填列。“存货”项目,应根据“材料采购(或在途物资)”、“原材料”、“周转材料”、“库存商品”、“委托加工物资”、“生产成本”等账户的期末余额之和,减去“存货跌价准备”账户期末余额后的金额填列。“固定资产”项目,应根据“固定资产”账户的期末余额减去“累计折旧”、“固定资产减值准备”账户期末余额后的净额填列。“无形资产”项目,应根据“无形资产”账户的期末余额减去“累计摊销”、“无形资产减值准备”账户期末余额后的净额填列。“在建工程”、“长期股权投资”和“持有至到期投资”项目,均应根据其相应总账账户的期末余额减去其相应减值准备后的净额填列。“长期待摊费用”项目,根据“长期待摊费用”账户期末余额扣除其中将于一年内摊销的数额后的金额填列,将于一年内摊销的数额填列在“一年内到期的非流动资产”项目内。“长期借款”和“应付债券”项目,应根据“长期借款”和“应付债券”账户的期末余额,扣除其中在资产负债表日起一年内到期,且企业不能自主地将清偿义务展期的部分后的金额填列,在资产负债表日起一年内到期,且企业不能自主地将清偿义务展期的部分在流动负债类下的“一年内到期的非流动负债”项目内反映。

(3) 根据总账账户期末余额直接填列。例如,“交易性金融资产”、“应收票据”、“固定资产清理”、“工程物资”、“递延所得税资产”、“短期借款”、“交易性金融负债”、“应付票据”、“应付职工薪酬”、“应交税费”、“递延所得税负债”、“预计负债”、“实收资本”、“资本公积”、“盈余公积”、“应交税费”等负债项目,如果其相应账户出现借方余额,应以“—”号填列;“固定资产清理”等资产项目,如果其相应的账户出现贷方余额,也应以“—”号填列。

业务 2.5.1(2) 利润表

【业务描述】 12 月 31 日后,编制 12 月份利润表及年度利润表。相关报表见第三章会计综合实训基础资料中的表 3-1～表 3-5。

【职业能力目标】 通过训练能够熟练、正确编制利润表等职业技能。

【实训要求】 掌握编制利润的方法与技巧。

【实训操作流程】 报表会计根据账户资料逐项填制利润表。

【操作提示】 在我国,利润表采用多步式,每个项目通常又分为“本月数”和“本年累计数”两栏分别用列,其编制方法如下。

(1) 报表中的“本月数”栏反映各项目的本月实际发生数。在编报中期财务会计报告时,填列上年同期累计实际发生数;在编报年度财务会计报告时,填列上年全年累计实际发生数,并将“本月数”栏改成“上年数”栏。如果上年度利润表的项目名称和内容与本年度利润表不相一致,应对上年度报表项目的名称和数字按本年度的规定进行调整,填入报表的“上年数”栏。在编报中期和年度财务会计报告时,应将“本月数”栏改成“上年数”栏。

报表中的“本年累计数”栏各项目,反映自年初起至本月末止的累计实际发生数。

(2) 报表各项目主要根据各损益类科目的发生额分析填列。

2.5.2 纳税申报表编制

业务 2.5.2(1) 增值税纳税申报表

【业务描述】 12 月 31 日后，填制增值税纳税申报表。申报表见第三章会计综合模拟实训基础资料中的表 3-6～表 3-10。

【职业能力目标】 通过训练熟悉增值税纳税申报表填制及申报流程等职业技能。

【实训要求】 掌握纳税申报的方法。

【实训操作流程】 纳税会计根据当月开出发票存根填写“增值税纳税申报表附列资料(表一)”，根据本月申报认证发票抵扣联填写“增值税纳税申报表附列资料(表二)”，然后填制增值税纳税申报表。

【操作提示】 增值税纳税申报表总共是三张表，第一张是主表，第二张是当月开出发票的明细表，第三张是本月申报认证抵扣的进项明细表，在网上申报的时候只要填写后面两张表就可以了，主表是自动生成的。如果手工填制先将本月的后面两张表填好后，再结合上月填写的主表填写本年的累计数，当月发生的按两张附表中相关的当月金额填写。

业务 2.5.2(2) 所得税纳税申报表

【业务描述】 12 月 31 日后，填制所得税纳税申报表及其附表。申报表见第三章会计综合模拟实训基础资料中的表 3-11～表 3-23。

【职业能力目标】 通过训练熟悉所得税纳税申报表填制及申报流程等职业技能。

【实训要求】 掌握所得税纳税申报的方法。

【实训操作流程】 纳税会计根据账簿资料填制所得税纳税申报表及其附表。

【操作提示】 《中华人民共和国企业所得税年度纳税申报表(A 类)》填报说明如下。

1. 适用范围

本表适用于实行查账征收企业所得税的居民纳税人(以下简称纳税人)填报。

2. 填报依据及内容

根据《中华人民共和国企业所得税法》及其实施条例、相关税收政策，以及国家统一会计制度(企业会计制度、企业会计准则、小企业会计制度、分行业会计制度、事业单位会计制度和民间非营利组织会计制度)的规定，填报计算纳税人利润总额、应纳税所得额、应纳税额和附列资料等有关项目。

3. 有关项目填报说明

(1) 表头项目

① “税款所属期间”：正常经营的纳税人，填报公历当年 1 月 1 日至 12 月 31 日；纳税人年度中间开业的，填报实际生产经营之日的当月 1 日至同年 12 月 31 日；纳税人年度中间发生合并、分立、破产、停业等情况的，填报公历当年 1 月 1 日至实际停业或法院裁定并宣告破产之日的当月月末；纳税人年度中间开业且年度中间又发生合并、分立、破产、停业等情况的，填报实际生产经营之日的当月 1 日至实际停业或法院裁定并宣告破产之日的当月月末。

② “纳税人识别号”：填报税务机关统一核发的税务登记证号码。

③ “纳税人名称”：填报税务登记证所载纳税人的全称。

（2）表体项目

本表是在纳税人会计利润总额的基础上，加减纳税调整额后计算出“纳税调整后所得”（应纳税所得额）。会计与税法的差异（包括收入类、扣除类、资产类等差异）通过纳税调整项目明细表（附表三）集中体现。

本表包括利润总额计算、应纳税所得额计算、应纳税额计算和附列资料四个部分。

①“利润总额计算”中的项目，按照国家统一会计制度口径计算填报。实行企业会计准则的纳税人，其数据直接取自利润表；实行其他国家统一会计制度的纳税人，与本表不一致的项目，按照其利润表项目进行分析填报。

利润总额部分的收入、成本、费用明细项目，一般工商企业纳税人，通过附表一（1）收入明细表和附表二（1）成本费用明细表相应栏次填报；金融企业纳税人，通过附表一（2）金融企业收入明细表、附表二（2）金融企业成本费用明细表相应栏次填报；事业单位、社会团体、民办非企业单位、非营利组织等纳税人，通过附表一（3）事业单位、社会团体、民办非企业单位收入项目明细表和附表二（3）事业单位、社会团体、民办非企业单位支出项目明细表相应栏次填报。

②“应纳税所得额计算”和“应纳税额计算”中的项目，除根据主表逻辑关系计算的外，通过附表相应栏次填报。

③“附列资料”填报用于税源统计分析的上一纳税年度税款在本纳税年度抵减或入库金额。

2.6 单元学习评价

任务 1：完成单元课程评价表（见表 2-1）。

表 2-1 单元课程评价表

单元内容： 学号： 姓名： 班级： 年 月 日
1. 通过实训认为本单元最有价值的内容是：
2. 下列问题需要进一步的了解或得到帮助：
3. 教师讲授思路是否清晰？态度是否友善？
4. 教师的教学方法对学习是否起到了帮助作用？
5. 学习是否有计划？是否一直在朝学习目标努力？
6. 为使学习更有效，对本单元有何建议？
教师签字： 学生签字：

任务 2:单元能力测评表(见表 2-2)。

表 2-2 单元能力测评表

学号:	姓名:	班级:	年 月 日
能力模块:会计手工操作训练		测评方法: 分析	
关键能力	评价指标	测评结果(√通过,×未通过)	备注
日常费用的报销			
缴纳税款业务处理			
采购与付款流程			
成本计算方法			
销售与收款流程			
期末业务处理			
报表如何填报			

教师评语:

教师签字:

成绩		学生签字	

第三章

会计综合模拟实训基础资料

3.1 会计综合模拟实训期初资料

3.1.1 沈阳新科设备有限公司各总账及明细账期初资料

1. 资产负债表各总账2013年年初、11月末余额及明细账余额资料

资产负债表各总账2013年年初余额、11月末余额及明细账余额如表3-1所示。

表3-1 资产负债表各总账及明细账期初余额表

序号	代码	科目	2013年年初余额		2013年11月末余额	
			借方	贷方	借方	贷方
1	1001	库存现金	3 500.00		12 849.78	
2	1002	银行存款	245 457.30		688 740.69	
	100201	工商银行	245 457.30		684 563.51	
	100202	中国银行			4 177.18	
3	1012	其他货币资金	226 000.00		735 097.56	
	101201	银行汇票			505 000.00	
	101202	信用卡			100 000.00	
	101203	存出投资款			130 097.56	
4	1101	交易性金融资产	998 999.35		725 670.80	
	110101	股票			143 610.14	
	1101011	（成本）			140 000.00	
	1101012	（公允价值变动）			3 610.14	
	110102	债券			582 060.66	
	1101021	（面值）			580 000.00	
	1101022	（公允价值变动）			2 060.66	
5	1121	应收票据	74 000.00		390 000.00	
	112101	北京大阳公司			90 000.00	
	112102	上海金贸公司			300 000.00	

续表

序号	代码	科　　目	2013年年初余额		2013年11月末余额	
			借方	贷方	借方	贷方
6	1122	应收账款	2 178 945.62		2 844 155.00	
	112201	沈阳永芯钟表厂			1 755.00	
	112202	沈阳东方集团			234 000.00	
	112203	青岛镀膜公司			187 200.00	
	112204	大连物产集团			2 421 200.00	
	112205	武汉弘毅公司				
	112206	债务重组				
7	1123	预付账款	12 800.00		25 600.00	
	112301	鞍山钢铁公司			10 000.00	
	112302	葫芦岛钢管厂			15 600.00	
	112303	北京会展中心				
8	1131	应收股利			2 000.00	
	113101	东圣股份公司			2 000.00	
	113102	东软股份公司				
9	1132	应收利息			3 000.00	
	113201	债券			3 000.00	
10	1221	其他应收款	50 000.00		75 000.00	
	122101	王伟达			50 000.00	
	122102	陈销售			20 000.00	
	122103	郝胜利			5 000.00	
	122104	李杰				
	122105	成都铁路局				
	122106	鞍山钢铁公司				
	122107	李丽				
	122108	王一民				
11	1231	坏账准备		11 144.73	4 000.00	
	123101	应收账款		11 144.73	4 000.00	
	123102	其他应收款				
	123103	预付账款				
12	1401	材料采购*	140 798.60		301 928.00	
13	1403	原材料*	535 679.39		683 403.90	
14	1404	材料成本差异*	22 100.17			53 451.41
15	1405	库存商品*	282 520.37		847 158.50	
16	1406	发出商品*			343 681.02	
17	1408	委托加工物资*	35 960.80		132 200.34	
18	1411	周转材料*	162 557.65		171 055.00	
19	1471	存货跌价准备				3 600.00
	147101	库存商品				3 600.00
20	1501	持有至到期投资				
	150101	国债				
	1501011	成本				
	1501012	利息调整				
	1501013	应计利息				

续表

序号	代码	科　　目	2013年年初余额		2013年11月末余额	
			借方	贷方	借方	贷方
21	1503	可供出售金融资产				
	150301	国债				
	1503011	成本				
	1503012	利息调整				
22	1511	长期股权投资	1 250 000.00		3 000 000.00	
	151101	深圳金时达公司			3 000 000.00	
	1511011	成本			3 000 000.00	
	1511012	损益调整				
	1511013	其他权益变动				
23	1601	固定资产*	8 509 496.00		8 654 200.00	
24	1602	累计折旧*		416 350.00		830 496.00
25	1603	固定资产减值准备				160 000.34
	160301	基本车间(其他)				160 000.34
26	1604	在建工程			160 000.00	
	160401	技术改造工程			160 000.00	
27	1605	工程物资			240 000.00	
	160501	专用设备			240 000.00	
	160502	电机				
28	1606	固定资产清理			2 461.00	
	160601	车床			2 461.00	
	160602	钻床				
29	1701	无形资产	160 000.00		156 110.00	
	170101	专利权			154 000.00	
	170102	商标权			2 110.00	
30	1702	累计摊销				1 055.00
	170201	专利权				844.00
	170202	商标权				211.00
31	1703	无形资产减值准备				1 980.00
	170301	专利权				1 980.00
32	1801	长期待摊费用	32 060.00		14 460.00	
	180101	租入固定资产改良支出	32 060.00		14 460.00	
33	1901	待处理财产损溢				
	190101	待处理流动资产损溢				
34	2001	短期借款		500 000.00		200 000.00
	200101	工商银行开发区分行		500 000.00		200 000.00
35	2201	应付票据		89 084.67		150 000.00
	220101	北方物资贸易公司		89 084.67		150 000.00
	220102	铁岭矿山公司				

续表

序号	代码	科目	2013年年初余额		2013年11月末余额	
			借方	贷方	借方	贷方
36	2202	应付账款		479 800.32		384 177.05
	220201	沈阳真空泵厂				129 761.18
	220202	沈阳油漆厂				4 757.64
	220203	沈阳电镀厂				19 763.00
	220204	沈阳劝成公司				59 443.12
	220205	沈阳物资经销公司				79 452.11
	220206	北京汉泰集团公司				91 000.00
	220207	大连泵业公司				
	220208	鞍山钢铁公司				
37	2203	预收账款		547 000.00		138 000.00
	220301	北京科航公司				70 000.00
	220302	深圳电子镀膜厂				68 000.00
	220303	黄河机械厂				
38	2211	应付职工薪酬		119 942.40		358 984.80
	221101	工资				167 984.80
	221102	职工福利				
	221103	住房公积金				40 000.00
	221104	工会经费				5 000.00
	221105	教育经费				5 000.00
	221106	社会保险费				60 000.00
39	2221	应交税费		371 797.82		367 591.93
	222101	增值税				87 175.47
	222102	所得税				265 593.77
	222103	城市维护建设税				6 102.28
	222104	个人所得税				5 233.40
	222105	教育费附加				2 615.26
	222106	地方教育费附加				871.75
	222107	营业税				
	222108	房产税				
	222109	土地使用税				
	2221010	纳税检查调整				
40	2231	应付利息				
	223101	短期借款				
41	2232	应付股利				
	223201	张新科				
	223202	沈阳银基				
42	2241	其他应付款		380 000.00		174 639.33
	224101	存入保证金				94 040.33
	224102	沈阳社会保障局				55 599.00
	224103	沈阳住房公积金管理中心				25 000.00

续表

序号	代码	科　　目	2013年年初余额		2013年11月末余额	
			借方	贷方	借方	贷方
43	2501	长期借款		1 000 000.00		500 000.00
	250101	工商银行开发区支行(成本)		1 000 000.00		500 000.00
	250102	工商银行开发区支行(应计利息)				
44	2502	应付债券				
	250201	面值				
	250202	利息调整				
45	4001	实收资本		10 000 000.00		10 000 000.00
	400101	张新科		6 000 000.00		6 000 000.00
	400102	沈阳银基公司		4 000 000.00		4 000 000.00
46	4002	资本公积		2 194 714.86		2 194 714.86
	400201	资本溢价				2 000 000.00
	400202	其他资本公积				194 714.86
47	4101	盈余公积		213 476.52		213 476.52
	410101	法定盈余公积				181 542.36
	410102	任意盈余公积				31 934.16
48	4103	本年利润				5 385 101.78
49	4104	利润分配		721 306.01		811 306.01
	410401	未分配利润		721 306.01		811 306.01
	410402	提取法定盈余公积				
	410403	提取任意盈余公积				
	410404	应付利润				
50	5001	生产成本	2 123 742.08		1 634 973.22	
	500101	基本生产成本			1 634 973.22	
	500102	辅助生产成本				
51	5101	制造费用				
合　计			17 044 617.33	17 044 617.33	21 847 575.03	21 847 575.03

2. 损益类账户 2013 年 1～11 月累计发生额资料

损益类账户 1～11 月累计发生额如表 3-2 所示。

表 3-2　损益类账户 1～11 月累计发生额表

序号	代码	账户名称	1～11月借方累计发生额	1～11月贷方累计发生额
52	6001	主营业务收入	53 468 947.54	53 468 947.54
53	6051	其他业务收入	164 736.29	164 736.29
54	6101	公允价值变动损益	5 670.80	5 670.80
55	6111	投资收益	131 250.63	131 250.63
56	6301	营业外收入	10 400.00	10 400.00
57	6401	主营业务成本	37 428 263.28	37 428 263.28
58	6402	其他业务成本	131 789.03	131 789.03
59	6403	营业税金及附加	115 071.62	115 071.62

续表

序号	代码	账户名称	1～11月借方累计发生额	1～11月贷方累计发生额
60	6601	销售费用	4 519 746.83	4 519 746.83
61	6602	管理费用	3 985 024.57	3 985 024.57
62	6603	财务费用	354 561.55	354 561.55
63	6701	资产减值损失		
64	6711	营业外支出	69 412.67	69 412.67
65	6801	所得税费用	1 795 033.93	1 795 033.93
66	6901	以前年度损益调整		

注：公允价值变动损益系公允价值升值 5 670.80 元；投资收益系股票投资收益 131 250.63 元。

3. 2013 年 11 月 30 日应收款项账龄资料

2013 年 11 月 30 日应收款项账龄资料如表 3-3 所示。

表 3-3 应收款项账龄资料表

应收款项账龄	应收款单位	应收金额	估计损失比例(%)	估计损失金额
未到期		3 339 755.00	0	0
过期一年		0		
过期两年		0		
过期三年以上		0		

4. 2013 年 11 月 30 日材料采购明细账资料

2013 年 11 月 30 日材料采购明细账资料如表 3-4 所示。

表 3-4 材料采购明细表

品名	供应单位	数量	买价	运杂费	其他	合计
控制仪	上海威达公司	5 台	45 000.00	1 800.00		46 800.00
铝管	四川铝管厂	6 吨	113 000.00	2 128.00		115 128.00
真空泵	大连泵业公司	10 台	130 000.00	10 000.00		140 000.00
减压器						
原煤						
不锈钢板						
合计						301 928.00

5. 2013 年 11 月 30 日原材料、材料成本差异明细分类账资料

2013 年 11 月 30 日原材料、材料成本差异明细分类账资料如表 3-5 所示。

表 3-5 原材料、材料成本差异明细表

材料名称	规格型号	单位	数量	计划单价	计划成本	实际成本	成本差异
不锈钢板		吨			275 883.90	249 748.00	−26 135.90
	14mm		14.215	13 160.00	187 069.40	171 795.00	−15 274.40
	30mm		7.723	11 500.00	88 814.50	77 953.00	−10 861.50
不锈钢管		吨			121 569.00	100 953.47	−20 606.53
	25mm		3.51	14 000.00	49 140.00	37 993.63	−11 146.37
	70mm		2.84	25 500.00	72 420.00	62 959.84	−9 460.16
铝板	26mm	吨	1.15	19 000.00	21 850.00	22 424.89	574.89

续表

材料名称	规格型号	单位	数量	计划单价	计划成本	实际成本	成本差异
铝管	30mm	吨	3.66	17 500.00	64 050.00	60 692.32	—3 357.68
减压器		个	20	1 500.00	30 000.00	27 000.00	—3 000.00
真空泵		台	8	13 500.00	108 000.00	109 200.00	1 200.00
原煤		吨	54	490.32	26 460.00	24 163.49	—2 296.51
电镀件			40	890.00	35 600.00	35 600.00	
合计					683 403.90		—53 621.73

6. 2013 年 11 月末周转材料明细账资料

周转材料明细账·11 月末余额如表 3-6 所示。

表 3-6 11 月末周转材料明细账余额表

周转材料		单位	数量	计划单价	计划成本	实际成本	成本差异
包装物	木材	立方米	53	600.00	31 800.00	31 970.32	170.32
低值易耗品	管理用具	套	157	476.00	74 732.00	74 732.00	
	替换设备	台	5	576.00	2 880.00	2 880.00	
	一般工具	套	100	156.00	15 600.00	15 600.00	
	劳保用品	套	147	147.00	21 609.00	21 609.00	
	小计				114 821.00	114 821.00	
其他周转材料			1011	24	24 434.00	24 434.00	
合计					171 055.00	171 225.32	170.32

7. 2013 年 11 月末库存商品明细账资料

库存商品明细账 11 月余额资料如表 3-7 所示。

表 3-7 11 月末库存商品明细账余额表

产品名称	规格	批次	单位	数量	单位成本	金额
镀膜机	DH-3	0815	台	2	254 732.68	509 465.36
镀膜机	DH-4	0925	台	2	168 846.57	337 693.14
合计						847 158.50

8. 2013 年 11 月末发出商品明细账资料

2013 年 11 月末发出商品明细余额如表 3-8 所示。

表 3-8 11 月末发出商品明细账余额表

发出商品名称	购货单位	单价	数量	实际成本
镀膜机 DH-4(0815)	武汉弘毅公司	171 840.51	2	343 681.02
合计				343 681.02

9. 2013 年 11 月末委托加工物资明细账资料

委托加工物资明细账 11 月末余额如表 3-9 所示。

表 3-9　11 月末委托加工物资明细账余额表

委托加工物资	单位	受托单位	单价	数量	实际成本
电镀件	件	沈阳电镀厂	633.00	116	73 428.00
电解件	件	沈阳电解厂	890.49	66	58 772.34
合计					132 200.34

10. 2013 年 11 月末生产成本明细账资料

11 月末生产成本明细账资料如表 3-10 所示。

表 3-10　11 月末生产成本明细表

产品名称	规格	批次	批量	直接材料	直接人工	制造费用	合计
镀膜机	DH-3	1025	2 台	160 800.00	187 096.32	68 003.06	415 899.38
镀膜机	DH-4	1105	2 台	196 754.96	160 379.32	58 292.36	415 426.64
镀膜机	DH-5	1115	4 台	304 780.11	127 157.38	46 217.31	478 154.80
镀膜机	DH-6	1120	4 台	294 766.43	22 535.20	8 190.77	325 492.40
合计				957 101.50	497 168.22	180 703.50	1 634 973.22

11. 2013 年 11 月末固定资产原值、累计折旧和月折旧率明细资料

11 月末固定资产原值、累计折旧和月折旧率明细资料如表 3-11 所示。

表 3-11　11 月末固定资产原值、累计折旧和月折旧率明细表

使用部门	类　别	原值	累计折旧	月折旧率/%	11 月固定资产原值的变动	
					增加	减少
基本车间	房屋、建筑物	2 610 000.00	310 240.00	0.50		
	机器设备	1 451 641.96	99 106.89	0.75	164 032.00	27 592.00
	其他	421 399.11	40 403.21	0.80		
	小计	4 483 041.07	449 750.10		164 032.00	27 592.00
动力车间	房屋、建筑物	465 133.42	64 531.44	0.50		
	其他	198 635.55	78 954.37	0.80		
	小计	663 768.97	143 485.81			
运输部门	房屋、建筑物	293 134.00	54 692.1	0.50		
	运输设备	348 684.00	23 400.17	0.80	124 000.00	
	其他	124 500.00	20 900.05	0.50		
	小计	766 318.00	98 992.32		124 000.00	
管理部门	房屋、建筑物	2 216 494.12	72 989.12	0.50		
	设备	144 223.00	7 422.93	0.75		
	其他	380 354.84	57 855.72	0.80		
	小计	2 741 071.96	138 267.77			
合计		8 654 200.00	830 496.00		288 032.00	27 592.0

3.1.2　主要客户基本资料

1. 上海金贸公司

地址：上海市浦东区成之路 121 号

开户行：工商银行上海分行

账号:3302418-3456
税务登记号:44070664868x
电话:23456789
2. 北京大阳公司
地址:北京市东城区仰面胡同 21 号
开户行:交通银行东城分处理
账号:111234-98-80765
税务登记号:11000008001833
电话:33946826
3. 北京汉泰集团公司
地址:北京市海淀区中关村 98 号
开户行:工商银行海淀支行
账号:110108902167
税务登记号:110000870296804
电话:62641567
4. 深圳电子镀膜厂
地址:深圳市蛇口区长征路 44 号
开户行:农行蛇口支行
账号:0043301576
税务登记号:440612240589366
电话:22378861
5. 沈阳市东方集团
地址:沈阳市和平区和平南大街 169 号
开户行:工商银行和平分理处
账号:1306666-32
税务登记号:2101032407954279
电话:22836657
6. 青岛镀膜公司
地址:青岛市泉城区 123 号
开户行:工商银行泉城分理处
账号:130666-91
税务登记号:37012516769479
电话:32656488
7. 武汉弘毅公司
地址:武汉市汉口区大连街 24 号
开户行:工商银行汉口分理处
账号:542178
税务登记号:420101722736255

电话:55788463

8. 沈阳市永芯钟表厂

地址:沈阳市于洪区从山路 3-5 号

开户行:工商银行于红分理处

账号:130555-44

税务登记号:210114240231145

电话:86613275

9. 鞍山钢铁公司

地址:鞍山市铁西区 25-5 号

开户行:工商银行铁西分理处

账号:330100-2198

税务登记号:210349539964846

电话:86613275

10. 葫芦岛钢管厂

地址:葫芦岛市连山区中央大街 71 号

开户行:建设银行连山分处理

账号:140100-1218

税务登记号:210112243145

电话:8654728

11. 铁岭矿山公司

地 址:铁法市怒江街 4 号

开户行:工行铁法分理处

账号:3322254423-23456

税务登记号:212306240934567

电话:8656789

12. 大连泵业公司

地 址:大连槐树街 54 号

开户行:工行槐树分理处

账号: 4566789-24680

税务登记号:3111456778

电 话:62356789

13. 北京科航公司

地址:北京市西城区仰面胡同 12 号

开户行:农行银行东城分处理

账号:113334-98-80578

税务登记号:11000065001996

电话:55778826

14. 深圳金时达公司

地址:深圳市南山区南海大道 3688 号

开户行:农行南山支行

账号:0026534482

税务登记号:440612240518060

电话:26536235

3.1.3 其他说明

(1) 企业周转材料按计划成本计价,领用采用一次摊销方法。

(2) 所有的运杂费均不考虑税金。

(3) 长期待摊费系租入A固定资产改良支出。原价28 920.00元;分摊时间20个月;剩余时间2个月。

(4) 为保证会计实战操作质量,签章时尽量统一。公司仓库保管员为王一民,出纳员为李丽。会计主管为会计实战操作小组组长。

3.2 沈阳新科设备有限公司12月份业务所涉及的原始凭证

凭证1-1[①]

入　库　单

年　月　日

产品名称	计量单位	数量		实际成本		估计单价	金额	备注
		应收	实收	单价	金额			
合计								

负责人:　　　　　　　　仓库负责人:　　　　　　　　经手人:

凭证2-1

中国工商银行借款凭证(回单)

单位编号:4255　　　　日期:2013年12月1日　　　　银行编号:

<table>
<tr><td rowspan="3">付款人</td><td>全　称</td><td colspan="2">中国工商银行沈阳开发区支行</td><td rowspan="3">收款人</td><td colspan="2">全　称</td><td colspan="7">沈阳新科设备有限公司</td></tr>
<tr><td>账　号</td><td colspan="2">0510612100987654З-21</td><td colspan="2">账　号</td><td colspan="7">330244567-5656</td></tr>
<tr><td>开户银行</td><td colspan="2">沈阳开发区支行</td><td colspan="2">开户银行</td><td colspan="7">中国工商银行沈河分理处</td></tr>
<tr><td colspan="2">借款期限(最后还款日)</td><td colspan="2">1年</td><td colspan="10">催款计划指标</td></tr>
<tr><td colspan="2" rowspan="2">借款申请金额</td><td colspan="2" rowspan="2">人民币(大写)贰佰万元整</td><td>千</td><td>百</td><td>十</td><td>万</td><td>千</td><td>百</td><td>十</td><td>元</td><td>角</td><td>分</td></tr>
<tr><td>¥</td><td>2</td><td>0</td><td>0</td><td>0</td><td>0</td><td>0</td><td>0</td><td>0</td><td>0</td></tr>
<tr><td>期限</td><td>计划还款日期</td><td>√</td><td>计划还款金额</td><td colspan="2" rowspan="2">分次还款记录</td><td colspan="2"></td><td colspan="2"></td><td colspan="2"></td><td colspan="2"></td></tr>
<tr><td>1</td><td></td><td></td><td></td><td colspan="2">借款利率</td><td colspan="2">3.6%</td><td colspan="2"></td><td colspan="2"></td></tr>
<tr><td colspan="3">备注:</td><td colspan="11"></td></tr>
</table>

工行沈河分理处　转讫

① 本书原始凭证按业务序号编排。如业务1对应的原始凭证为凭证1-1,以此类推。

凭证 2-2

流动资金借款申请书

2013 年 12 月 1 日

企业名称	沈阳新科设备有限公司	法人代表	张新科	企业性质	有限责任
地址	沈阳市沈河区 85 号	财务负责人		联系电话	24142255
经营范围	机械制造	主管部门			
借款期限	自 2013 年 12 月 1 日至 2014 年 5 月 1 日			申请金额	2000000

主要用途及效益说明：
本公司近半年来生产情况良好，产品销售情况有所好转，但由于回收货款困难，特申请流动资金贷款。

申请单位财务章	信贷员意见：
	同意
经办人：丁一	信贷员：李刚

凭证 3-1

中国工商银行
现金支票存根(辽)
Ⅻ08152225

附加信息

出票日期：　年　月　日

收款人：

金　额：

用　途：

单位主管：　　会计：

ICBC 中国工商银行现金支票(辽)　　Ⅻ08152225

出票日期(大写)　　年　月　日

开户银行名称：

收 款 人：

签发人账号：

人民币（大写）	百	十	万	千	百	十	元	角	分

用途：

上列款项请从我账户内支付。

沈阳新科设备有限公司 财务专用章

出票人签章：张新科印　　复核：　　记账：

凭证 4-1

辽宁省增值税专用发票

2013年12月02日

210023140　　No.0825743

购货单位	名　　称：沈阳新科设备有限公司 纳税人识别号：210103240946666 地 址 、电 话：沈阳市沈河区85号　24142255 开户行及账号：工行沈河分理处　330244567-5656					密码区		
货物或应税劳务名称	规格型号	单位	数量	单价	金额	税率	税额	
不锈钢板	30mm	吨	37	11 500.00	425 500.00	17%	72 335.00	
价税合计(大写)肆拾玖万柒仟捌佰叁拾伍元整				(小写)¥497 835.00				
销货单位	名　　称：鞍山钢铁公司 纳税人识别号：210349539964846 地 址 、电 话：鞍山市铁西区25-5号　86613275 开户行及账号：工商银行铁西分理处　330100-2198					备注	鞍山钢铁公司 210349539964846 发票专用章	

记账联

收款人：　　复核：　　开票人：王九　　销货单位：(章)

凭证 4-2

原材料入库单

年　月　日　　No.37869

材料名称	计量单位	数量		实际成本		计划成本		差异
		应收	实收	单价	金额	单价	金额	
合计								

保管员：　　制单：　　经手人：

凭证 4-3

中国工商银行银行汇票 4(多余款收账通知)

付款期：壹个月　　汇票号码 No.0605002 第　号

签发日期(大写)	贰零壹叁年拾壹月零贰日	兑付地点：鞍山　兑付行：　行号：									
收款人：鞍山钢铁公司	账号或住址：330100-2198										
汇款金额	人民币(大写)伍拾万元整										
实际结算金额人民币(大写)	肆拾玖万玖仟捌佰捌拾玖元陆角整	千	百	十	万	千	百	十	元	角	分
			¥	4	9	9	8	8	9	6	0

汇款人：工行沈河分理处 发行人： 行号： 汇款用途： 签发行盖章	账号或住址：								
	多余款金额								科目(付) 对方科目(收) 兑付日期　年　月　日 复核　　记账
	十	万	千	百	十	元	角	分	
			¥	1	1	0	4	0	

转讫

凭证 4-4

北京市公路汽车货运整车统一发票

No.07654

2013年12月2日　运费付款户:沈阳新科设备有限公司　由鞍山站到沈阳站

单位	北京奔腾运输公司	车号		吨位		驾驶员		车型			
托运单位	鞍山钢铁公司			装货地点		鞍山1货场		电话			
收货单位	沈阳新科设备有限公司			卸货地点		沈河区85号		电话			

货物名称	包装	件数	实际重量(吨)	计量重量(吨)	普通或特种货	等级	短途运距	费率	运费金额	其他收费			
										装卸费	保险费		
不锈钢板			37	37					2000.00		54.60		
合计金额(大写)贰仟零伍拾肆元陆角整					(小写)2054.60								
备注:运费由购货方负担													

开票单位:(盖章)　　　经办人:刘二洪

凭证 5-1

借　款　单(记账)

年　月　日　　　顺序号:193

借款单位		借款人		
借款事由				
金　　额	人民币(大写)	¥		
		出纳	会计主管	领款人

凭证 5-2

中国工商银行 现金支票存根(辽) XII 08152226 附加信息＿＿＿＿ ＿＿＿＿ ＿＿＿＿ 出票日期:　年　月　日 收款人:＿＿＿＿ 金　额:＿＿＿＿ 用　途:＿＿＿＿ 单位主管:　会计:	ICBC 中国工商银行现金支票(辽)　XII 08152226 出票日期(大写)　年　月　日　　开户银行名称: 收 款 人:＿＿＿＿＿＿　　签发人账号: 人民币(大写)　百 十 万 千 百 十 元 角 分 用途:＿＿＿＿＿＿ 上列款项请从我账户内支付。 出票人签章:　复核:　记账:

凭证 6-1

中国工商银行 转账支票存根(辽) Ⅻ52226081 附加信息 出票日期：　年　月　日 收款人： 金　额： 用　途： 单位主管：　　会计：	ICBC 中国工商银行转账支票(辽)　　Ⅻ52226081 出票日期(大写)　　年　月　日 开户银行名称： 收　款　人：　　　　签发人账号： 人民币(大写)　百 十 万 千 百 十 元 角 分 用途： 上列款项请从我账户内支付。 沈阳新科设备有限公司 财务专用章 张新科印 出票人签章：　复核：　记账：

凭证 6-2

中国工商银行汇票付款申请书(存根)

委托日期：贰零壹叁年壹拾贰月零贰日　　　　No.077538562

汇款人	沈阳新科设备有限公司			收款人	鞍山钢铁公司									
账号或住址	330244567-5656			账号或住址	330100-2198									
兑付地点	辽宁鞍山市(县)	兑付行	鞍山市工行营业部	汇款用途	购买材料									
汇款金额	(大写)壹拾伍万元整				百	十	万	千	百	十	元	角	分
					¥	1	5	0	0	0	0	0	0

工行沈河分理处 转讫

凭证 7-1

中国工商银行 转账支票存根(辽) Ⅻ52226082 附加信息 出票日期：　年　月　日 收款人： 金　额： 用　途： 单位主管：　　会计：	ICBC 中国工商银行转账支票(辽)　　Ⅻ52226082 出票日期(大写)　　年　月　日 开户银行名称： 收　款　人：　　　　签发人账号： 人民币(大写)　百 十 万 千 百 十 元 角 分 用途： 上列款项请从我账户内支付。 沈阳新科设备有限公司 财务专用章 张新科印 出票人签章：　复核：　记账：

凭证 7-2

辽宁省沈阳市商业零售统一发票

全国统一发票监制章 辽宁 国家税务总局监制

发票联

2013 年 12 月 3 日

No.0447562

沈地税(2007 第 116 号 4)

货号	品名及规格	单位	数量	单价	金额								
					百	十	万	千	百	十	元	角	分
	劳保用品	套	46	160				7	3	6	0	0	0
合计金额(大写)柒仟叁佰陆拾元整							¥	7	3	6	0	0	0
结算方式		转账		开户银行及账号									

沈阳新世界商贸有限公司 23875566334 发票专用章

收款单位:(盖章有效)　　收款人:刘新海　　开票人:李三

凭证 7-3

周转材料入库单

年　月　日

No.69378

材料名称	计量单位	数量		实际成本		计划成本		差异
		应收	实收	单价	金额	单价	金额	
合计								

保管员:　　制单:　　经手人:

凭证 8-1

辽宁省沈阳市商业零售统一发票

全国统一发票监制章 辽宁 国家税务总局监制

发票联

2013 年 12 月 3 日

No.0447562

沈国税(2007 第 116 号 4)

货号	品名及规格	单位	数量	单价	金额								
					百	十	万	千	百	十	元	角	分
325	计算器	个	6	60					3	6	0	0	0
411	考勤卡	本	60						6	0	0	0	0
合计金额(大写)玖佰陆拾元整								¥	9	6	0	0	0
结算方式		现金		开户银行及账号									

沈阳海星商贸有限公司 33445522345 发票专用章

收款单位:(盖章有效)　　收款人:贾新海　　开票人:李四

凭证 8-2

办公用品领用明细表

办公用品名称	领用单位	领用数量	金额
管理用具	基本生产车间		240.00
管理用具	厂部		360.00
管理用具	运输部门		30.00
管理用具	动力车间		160.00
管理用具	销售部门		170.00
合计			¥960.00

制表：宋玉梅　　　　经手人：刘南方　　　　复核：雷鸣

凭证 8-3

费 用 报 销 单

报销部门：　　年　月　日　　　　单据及附件　共　页

报销项目	摘要	金额	备注	
			领导审批	
合计				
金额(大写)				
会计主管	复核	出纳	报销人	

凭证 9-1

材 料 入 库 单

年　月　日　　　　No.37869

材料名称	计量单位	数量		实际成本		计划成本		差异
		应收	实收	单价	金额	单价	金额	
合计								

保管员：　　　　制单：　　　　经手人：

凭证 10-1

中国工商银行　银行进账单(回单或收账通知)3

日期：2013 年 12 月 4 日

收款人	全　称	沈阳新科设备有限公司	付款人	全　称	大连物产集团								
	账　号	330244567-5656		账　号	234567-5432								
	开户行	中国工商银行沈河分理处		开户行	中国工商银行大连市支行								
人民币(大写)	伍拾贰万元整		千	百	十	万	千	百	十	元	角	分	
				¥	5	2	0	0	0	0	0	0	
票据种类	银行汇票		收款人开户行盖章										
票据张数	1												
单位主管：	会计：												
复核：	记账：												

工行沈河分理处 转讫

凭证 11-1

成交过户交割凭单(买入)

2013 年 12 月 4 日

股东编号：	A129 626 400(存)	成交证券：	东软股份
电脑编号：	548167	成交数量：	2 000 股
公司代号：	975	成交价格：	26.00
申请编号：	678	成交金额：	52 000.00
申报时间：	11：23：54	标准佣金：	156.00
成交时间：	11：45：34	过户费用：	
上次余额：	2 000(股)	印花税：	.00
本次成交：	2 000(股)	应付金额：	
本次余额：	4 000(股)	附加费用：	
本次库存：	0(股)	实付金额：	52 156.00

德邦证券公司

经办单位：德邦证券公司　　　　客户签章：李丽

凭证 12-1

领　料　单

领料部门：　　　　开票日期　　年　月　日　　　　字第 0875 号

材料编号	材料名称	规格	单位	请领数量	实发数量	计划价格	
						单价	金额
用途		领料部门				发料部门	
		负责人		领料人		核准人	发料人

②仓库记账后转财务科

凭证 12-2

领　料　单

领料部门：　　　　　　　　　开票日期　　年　月　日　　　　　　字第 0876 号

<table>
<tr><td rowspan="2">材料编号</td><td rowspan="2">材料名称</td><td rowspan="2">规格</td><td rowspan="2">单位</td><td rowspan="2">请领数量</td><td rowspan="2">实发数量</td><td colspan="2">计划价格</td></tr>
<tr><td>单价</td><td>金额</td></tr>
<tr><td></td><td></td><td></td><td></td><td></td><td></td><td></td><td></td></tr>
<tr><td></td><td></td><td></td><td></td><td></td><td></td><td></td><td></td></tr>
<tr><td></td><td></td><td></td><td></td><td></td><td></td><td></td><td></td></tr>
<tr><td rowspan="3">用途</td><td rowspan="3"></td><td colspan="2">领料部门</td><td colspan="4">发料部门</td></tr>
<tr><td>负责人</td><td>领料人</td><td colspan="2">核准人</td><td colspan="2">发料人</td></tr>
<tr><td></td><td></td><td colspan="2"></td><td colspan="2"></td></tr>
</table>

②仓库记账后转财务科

凭证 12-3

领　料　单

领料部门：　　　　　　　　　开票日期　　年　月　日　　　　　　字第 0877 号

<table>
<tr><td rowspan="2">材料编号</td><td rowspan="2">材料名称</td><td rowspan="2">规格</td><td rowspan="2">单位</td><td rowspan="2">请领数量</td><td rowspan="2">实发数量</td><td colspan="2">计划价格</td></tr>
<tr><td>单价</td><td>金额</td></tr>
<tr><td></td><td></td><td></td><td></td><td></td><td></td><td></td><td></td></tr>
<tr><td></td><td></td><td></td><td></td><td></td><td></td><td></td><td></td></tr>
<tr><td></td><td></td><td></td><td></td><td></td><td></td><td></td><td></td></tr>
<tr><td rowspan="3">用途</td><td rowspan="3"></td><td colspan="2">领料部门</td><td colspan="4">发料部门</td></tr>
<tr><td>负责人</td><td>领料人</td><td colspan="2">核准人</td><td colspan="2">发料人</td></tr>
<tr><td></td><td></td><td colspan="2"></td><td colspan="2"></td></tr>
</table>

②仓库记账后转财务科

凭证 12-4

领　料　单

领料部门：　　　　　　　　　开票日期　　年　月　日　　　　　　字第 0878 号

<table>
<tr><td rowspan="2">材料编号</td><td rowspan="2">材料名称</td><td rowspan="2">规格</td><td rowspan="2">单位</td><td rowspan="2">请领数量</td><td rowspan="2">实发数量</td><td colspan="2">计划价格</td></tr>
<tr><td>单价</td><td>金额</td></tr>
<tr><td></td><td></td><td></td><td></td><td></td><td></td><td></td><td></td></tr>
<tr><td></td><td></td><td></td><td></td><td></td><td></td><td></td><td></td></tr>
<tr><td></td><td></td><td></td><td></td><td></td><td></td><td></td><td></td></tr>
<tr><td></td><td></td><td></td><td></td><td></td><td></td><td></td><td></td></tr>
<tr><td rowspan="3">用途</td><td rowspan="3"></td><td colspan="2">领料部门</td><td colspan="4">发料部门</td></tr>
<tr><td>负责人</td><td>领料人</td><td colspan="2">核准人</td><td colspan="2">发料人</td></tr>
<tr><td></td><td></td><td colspan="2"></td><td colspan="2"></td></tr>
</table>

②仓库记账后转财务科

凭证 13-1

收款收据(第三联)

年　月　日

交款单位		金额								
		百	十	万	千	百	十	元	角	分
人民币(大写)										
收款事由										
上记款项照数收讫无误	沈阳新科设备有限公司 财务专用章									

财务负责人：　　经手人：　　出纳：　　记账：

此据只作为内部收款凭证,不得代替发货票使用。

三联必须一次复写填制,不得涂改。

凭证 14-1

中国工商银行　现金存款凭条

日期：

存款人	全　称			
	账　号		款项来源	
	开户行		交款人	

金额(大写)	金额(小写)	十	万	千	百	十	元	角	分

票面	张数	金额	票面	张数	金额	备注：
壹百元			伍角			
伍拾元			贰角			工行沈河分理处 转讫
贰拾元			壹角			
壹拾元			伍分			
伍元			贰分			
贰元			壹分			
壹元			其他			

凭证 15-1

辽 宁 省 增 值 税 专 用 发 票

210023140　　　　2013 年 12 月 05 日　　　　№.0825743

（全国统一发票监制章　辽宁　国家税务总局监制）

购货单位	名　　称：沈阳新科设备有限公司 纳税人识别号：210103240946666 地 址 、电 话：沈阳市沈河区 85 号　24142255 开户行及账号：工行沈河分理处　330244567-5656	密码区	

货物或应税劳务名称	规格型号	单位	数量	单价	金额	税率	税额
减压器		台	6	1 460.00	8 760.00	17%	1 489.20
价税合计(大写)壹万零贰佰肆拾玖元贰角整　　(小写)10 249.20							

销货单位	名　　称：北京汉泰集团公司 纳税人识别号：110000870296804 地 址 、电 话：北京市海淀区中关村 98 号　62641567 开户行及账号：工商银行海淀支行　110108902167	备注	北京汉泰集团公司 1100008001833 发票专用章

记账联

收款人：　　　　复核：　　　　开票人：　　　　销货单位(章)

凭证 15-2

北京市公路汽车货运整车统一发票

№.07654

（全国统一发票监制章　辽宁　国家税务总局监制）

2013 年 12 月 3 日　运费付款户:沈阳新科设备有限公司　　由北京站到沈阳站

单位	北京奔腾运输公司	车号		吨位			驾驶员		车型	
托运单位	北京汉泰集团公司			装货地点					电话	
收货单位	沈阳新科设备有限公司			卸货地点					电话	

货物名称	包装	件数	实际重量(吨)	计量重量(吨)	普通或特种货物	等级	短途运距	费率	运费金额	其他收费：装卸费	其他收费：保险费	
减压器			1	1					200.00		13	
合计金额(大写)贰佰壹拾叁元整　　(小写)213.00												
备注：运费由购货方负担												

（北京奔腾运输公司　101234123567　发票专用章）

开票单位:(盖章)　　　　经办人：刘洪

凭证 15-3

材 料 入 库 单

年　月　日　　　　No. 37870

材料名称	计量单位	数量		实际成本		计划成本		差异
		应收	实收	单价	金额	单价	金额	
合计								

保管员：　　　　制单：　　　　经手人：

凭证 16-1

交通费单据

2013 年 12 月 5 日

项目	单价	数量	金额
月票	30.00	20	600.00
合计			¥600.00

沈阳公交集团公司
233388994123
发票专用章

凭证 16-2

费 用 报 销 单

报销部门：　年　月　日　　　　单据及附件　共　页

报销项目	摘要	金额	备注
			领导审批
合计			
金额(大写)			
会计主管	复核	出纳	报销人

凭证 17-1

领　料　单

领料部门：　　　　　　　　　　开票日期　　年　月　日　　　　　　字第 0879 号

<table>
<tr><td rowspan="2">材料编号</td><td rowspan="2">材料名称</td><td rowspan="2">规格</td><td rowspan="2">单位</td><td rowspan="2">请领数量</td><td rowspan="2">实发数量</td><td colspan="2">计划价格</td></tr>
<tr><td>单价</td><td>金额</td></tr>
<tr><td></td><td></td><td></td><td></td><td></td><td></td><td colspan="2"></td></tr>
<tr><td></td><td></td><td></td><td></td><td></td><td></td><td colspan="2"></td></tr>
<tr><td rowspan="3">用途</td><td rowspan="3"></td><td colspan="2">领料部门</td><td colspan="4">发料部门</td></tr>
<tr><td>负责人</td><td>领料人</td><td colspan="2">核准人</td><td colspan="2">发料人</td></tr>
<tr><td></td><td></td><td colspan="2"></td><td colspan="2"></td></tr>
</table>

②仓库记账后转财务科

凭证 17-2

领　料　单

领料部门：　　　　　　　　　　开票日期　　年　月　日　　　　　　字第 0880 号

<table>
<tr><td rowspan="2">材料编号</td><td rowspan="2">材料名称</td><td rowspan="2">规格</td><td rowspan="2">单位</td><td rowspan="2">请领数量</td><td rowspan="2">实发数量</td><td colspan="2">计划价格</td></tr>
<tr><td>单价</td><td>金额</td></tr>
<tr><td></td><td></td><td></td><td></td><td></td><td></td><td colspan="2"></td></tr>
<tr><td></td><td></td><td></td><td></td><td></td><td></td><td colspan="2"></td></tr>
<tr><td rowspan="3">用途</td><td rowspan="3"></td><td colspan="2">领料部门</td><td colspan="4">发料部门</td></tr>
<tr><td>负责人</td><td>领料人</td><td colspan="2">核准人</td><td colspan="2">发料人</td></tr>
<tr><td></td><td></td><td colspan="2"></td><td colspan="2"></td></tr>
</table>

②仓库记账后转财务科

凭证 17-3

领　料　单

领料部门：　　　　　　　　　　开票日期　　年　月　日　　　　　　字第 0881 号

<table>
<tr><td rowspan="2">材料编号</td><td rowspan="2">材料名称</td><td rowspan="2">规格</td><td rowspan="2">单位</td><td rowspan="2">请领数量</td><td rowspan="2">实发数量</td><td colspan="2">计划价格</td></tr>
<tr><td>单价</td><td>金额</td></tr>
<tr><td></td><td></td><td></td><td></td><td></td><td></td><td colspan="2"></td></tr>
<tr><td></td><td></td><td></td><td></td><td></td><td></td><td colspan="2"></td></tr>
<tr><td rowspan="3">用途</td><td rowspan="3"></td><td colspan="2">领料部门</td><td colspan="4">发料部门</td></tr>
<tr><td>负责人</td><td>领料人</td><td colspan="2">核准人</td><td colspan="2">发料人</td></tr>
<tr><td></td><td></td><td colspan="2"></td><td colspan="2"></td></tr>
</table>

②仓库记账后转财务科

凭证 17-4

领 料 单

领料部门：　　　　　　　　　　开票日期　　年　月　日　　　　　字第 0881 号

<table>
<tr><td rowspan="2">材料编号</td><td rowspan="2">材料名称</td><td rowspan="2">规格</td><td rowspan="2">单位</td><td rowspan="2">请领数量</td><td rowspan="2">实发数量</td><td colspan="2">计划价格</td></tr>
<tr><td>单价</td><td>金额</td></tr>
<tr><td></td><td></td><td></td><td></td><td></td><td></td><td></td><td></td></tr>
<tr><td></td><td></td><td></td><td></td><td></td><td></td><td></td><td></td></tr>
<tr><td rowspan="3">用途</td><td rowspan="3"></td><td colspan="3">领料部门</td><td colspan="3">发料部门</td></tr>
<tr><td>负责人</td><td colspan="2">领料人</td><td colspan="2">核准人</td><td>发料人</td></tr>
<tr><td></td><td colspan="2"></td><td colspan="2"></td><td></td></tr>
</table>

②仓库记账后转财务科

凭证 18-1

中国工商银行　收费凭条

2013 年 12 月 5 日

<table>
<tr><td>户名</td><td colspan="2">沈阳新科设备有限公司</td><td>账号</td><td colspan="9">330244567-5656</td></tr>
<tr><td rowspan="2">开户银行</td><td rowspan="2">工商银行沈河分理处</td><td rowspan="2">凭证种类</td><td rowspan="2">单价</td><td rowspan="2">数量</td><td colspan="8">金　额</td></tr>
<tr><td>十</td><td>万</td><td>千</td><td>百</td><td>十</td><td>元</td><td>角</td><td>分</td></tr>
<tr><td colspan="2" rowspan="6">备注：上述款项从我账户中支付。</td><td>现金支票</td><td>3.00</td><td>10</td><td></td><td></td><td></td><td></td><td>3</td><td>0</td><td>0</td><td>0</td></tr>
<tr><td>转账支票</td><td>3.00</td><td>10</td><td></td><td></td><td></td><td></td><td>3</td><td>0</td><td>0</td><td>0</td></tr>
<tr><td></td><td></td><td></td><td></td><td></td><td></td><td></td><td></td><td></td><td></td><td></td></tr>
<tr><td></td><td></td><td></td><td></td><td></td><td></td><td></td><td></td><td></td><td></td><td></td></tr>
<tr><td></td><td></td><td></td><td></td><td></td><td></td><td></td><td></td><td></td><td></td><td></td></tr>
<tr><td></td><td></td><td></td><td></td><td></td><td></td><td></td><td></td><td></td><td></td><td></td></tr>
<tr><td colspan="5">合计人民币(大写)陆拾元整</td><td></td><td></td><td></td><td>¥</td><td>6</td><td>0</td><td>0</td><td>0</td></tr>
</table>

中国工商银行沈河分理处 4543575 业务专用章

复核：　　　　　　　　　　　　　　记账：

凭证 19-1

机动车销售统一发票(发票联)

2013 年 12 月 5 日

购货单位	沈阳新科设备有限公司		身份证号码/组织机构代码		240946666		
车辆类型	货车	车牌型号	R88584-66	产地	沈阳		
合格证号	333	进口证明书号		商检单号	222		
发动机号码	3838×××××		车辆识别代号/车架号码		111×××××××		
价税合计	壹拾肆万柒仟肆佰贰拾元整		￥147 420.00				
销货单位	沈阳金杯汽车有限公司	地址	沈阳市大东路 11 号		电话	2345678	
纳税人识别号	321666777445	开户银行	工行大东支行		账号	123455	
增值税税率或征收率	17%	增值税税额	21 420.00	主管税务机关及代码			
不含税价(小写)	￥126 000.00	吨位		限乘人数			

销货单位:(章)　　开票人:王已　　收款人:李力

凭证 19-2

中国工商银行 转账支票存根(辽) Ⅻ52226083 附加信息: 出票日期:　年　月　日 收款人: 金　额: 用　途: 单位主管:　　会计:	ICBC 中国工商银行转账支票(辽)　Ⅻ52226083 出票日期(大写)　年　月　日 开户银行名称: 收 款 人:　　签发人账号: 人民币(大写)　百 十 万 千 百 十 元 角 分 用途: 上列款项请从我账户内支付。 出票人签章:　　复核:　　记账:

凭证 19-3

固定资产验收交接单

2013 年 12 月 5 日

资产编号	资产名称	型号、规格或结构面积	计量单位	数量	设备价值或工程造价	设备基础及安装费用	附加费用	合计
	货车	R88584-66	台	1	126 000.00			126 000.00

资产来源	购入	耐用年限	8	主要附属设备	
制造单位	沈阳金杯汽车有限公司	估计残值	500.00		
制造日期及编号		基本折旧率			
使用部门	运输	复杂系数			

沈阳新科设备有限公司 财务专用章

凭证 20-1

辽宁省增值税专用发票

全国统一发票监制章 辽宁 国家税务总局监制

2100023140　　2013 年 12 月 6 日　　№.01054546

购货单位	名　　称：武汉弘毅公司 纳税人识别号：420101722736255 地 址 、电 话：武汉市汉口区大连街 24 号　55788463 开户行及账号：工行汉口分理处　542178				密码区		
货物或应税劳务名称	规格型号	单位	数量	单价	金额	税率	税额
镀膜机	DH-4	台	2	214 800.00	429 600.00	17%	73 032.00
价税合计(大写)伍拾万零贰仟陆佰叁拾贰元整					(小写)¥502 632.00		
销货单位	名　　称：沈阳新科设备有限公司 纳税人识别号：210103240946666 地 址 、电 话：沈阳市沈河区 85 号　24142255 开户行及账号：工行沈河分理处　330244567-5656				备注	沈阳新科设备有限公司 210103240946666 发票专用章	

收款人：　　　　复核：　　　　开票人：　　　　销货单位：(章)

凭证 20-2

中国工商银行　银行进账单(回单或收账通知)第　号

日期：2013 年 12 月 6 日

付款人	全　称	武汉弘毅公司	收款人	全　称	沈阳新科设备有限公司
	账　号	542178		账　号	330244567-5656
	开户银行	工行汉口分理处		开户银行	

人民币(大写)肆万贰仟玖佰陆拾元整	千	百	十	万	千	百	十	元	角	分
			¥	4	2	9	6	0	0	0

票据种类	银行汇票	收款人开户行盖章
票据张数	1	
单位主管：　会计：		
复核：　记账：		

工行沈河分理处 12.6 转讫

凭证 21-1

中国工商银行　银行进账单(回单或收账通知)第　号

日期：　年　月　日

付款人	全　称		收款人	全　称	
	账　号			账　号	
	开户银行			开户银行	

人民币(大写)	千	百	十	万	千	百	十	元	角	分

票据种类		收款人开户行盖章
票据张数		
单位主管：　会计：		
复核：　记账：		

工行沈河分理处 转讫

凭证 21-2

商业承兑汇票 2

签发日期　贰零壹叁年壹拾贰月零陆日　第 2 号

收款人	全　称	沈阳新科设备有限公司		付款人	全　称	北京大阳有限公司	
	账　号	330244567-5656			账　号	111234-98-80765	
	开户银行	工商银行沈河分理处	行号 5571		开户银行		行号 3587

汇票金额	人民币(大写) 玖万元整	千	百	十	万	千	百	十	元	角	分
				¥	9	0	0	0	0	0	0

汇票到期日	贰零壹贰年壹拾贰月零陆日	交易合同号码	00017
备注：			北京大阳有限公司 财务专用章

凭证 22-1

辽宁省沈阳市成品油销售发票

2013 年 12 月 6 日　（加油站专用）

No. 24427

购货单位：沈阳新科设备有限公司　　沈国税(08)2060 号

货名	单位	数量	单价	金额								备注
				百	十	万	千	百	十	元	角	
汽油	升	70	8.39					5	8	7	3	
合计金额（大写）	伍佰捌拾柒元叁角整					¥	5	8	7	3		
结算方式		现金		银行及账号								

销货单位：（盖章有效）　　收款人：　　开票人：李四

凭证 22-2

费用报销单

报销部门：　　年　月　日　　单据及附件　共　页

报销项目	摘要	金额	备注
			领导审批
合计			
金额（大写）			
会计主管	复核	出纳	报销人

凭证 23-1

辽宁省增值税专用发票

2100023140　　2013 年 12 月 6 日　　No. 01054546

购货单位	名　　称：沈阳新科设备有限公司 纳税人识别号：210103240946666 地 址 、电 话：沈阳市沈河区 85 号　24142255 开户行及账号：工行沈河分理处 330244567-5656					密码区	
货物应税劳务名称	规格型号	单位	数量	单价	金额	税率	税额
加工费			100	150.00	15 000.00	17%	2 550.00
价税合计（大写）壹万柒仟伍佰伍拾元整　（小写）¥17 550.00 元							
销货单位	名　　称：沈阳市电镀厂 纳税人识别号：210106240978116 地 址 、电 话：铁西区保工街一段二里 62 号　25644318 开户行及账号：工行铁西分理处　3300242598-1149				备注		

收款人：张三　　复核：李四　　开票人：王五　　销货单位：（章）

凭证 23-2

中国工商银行 转账支票存根(辽) Ⅻ52226084	ICBC 中国工商银行转账支票(辽) Ⅻ52226084
附加信息：________	出票日期(大写)　年　月　日 收款人：________　开户银行名称： 签发人账号：
出票日期：　年　月　日 收款人：________ 金　额：________ 用　途：________	人民币(大写)　百 十 万 千 百 十 元 角 分 用途：________ 上列款项请从我账户内支付。
单位主管：　会计：	出票人签章：[印章：张新科印]　复核：　记账：[印章：沈阳新科设备有限公司 财务专用章]

凭证 23-3

材料入库单

年　月　日　　No. 37871

材料名称	计量单位	数量		实际成本		计划成本		差异
		应收	实收	单价	金额	单价	金额	
合计								

保管员：　　制单：　　经手人：

凭证 24-1

证券交易成交报告单　(分红成交)

2013 年 12 月 8 日

股东编号 电脑编号 公司代号	A129 626 400(存) 548 167 975	成交证券 成交数量 成交价格	东软股份
申请编号	678	成交金额	2 000.00
上次余额 本次成交 本次余额	2 000(股) 0(股) 2 000(股)	印花税 应付金额 实得金额	0.00 2 000.00

[印章：德邦证券公司]

经办单位：德邦证券公司　　客户签章：李丽

凭证 25-1

中华人民共和国税收通用缴款书(国)

隶属关系：

注册类型：　　　　填发日期：　年　月　日　　　　征收机关：

缴款单位	代码		预算科目	编码	
	全称			名称	
	开户银行			级次	
	账号		收款国库		
税款所属时期　年　月　日			税款限缴日期　年　月　日		

品目名称	课税数量	计税金额或销售收入	税率或单位税额	已缴或扣除额	实缴金额
金额合计(大写)					
缴款单位(人)(盖章) 经办人(章)	税务机关(盖章) 填票人(章)	上列款项已收妥并划转收款单位账户 国库(银行)盖章　年　月　日		备注	

沈阳新科设备有限公司 财务专用章

工行沈河分理处 转讫

沈阳市国家税务局 沈河区分局

凭证 25-2

中华人民共和国税收通用缴款书(地)

隶属关系：

注册类型：　　　　填发日期：　年　月　日　　　　征收机关：

缴款单位	代码		预算科目	编码	
	全称			名称	
	开户银行			级次	
	账号		收款国库		
税款所属时期　年　月　日			税款限缴日期　年　月　日		

品目名称	课税数量	计税金额或销售收入	税率或单位税额	已缴或扣除额	实缴金额
金额合计(大写)					
缴款单位(人)(盖章) 经办人(章)	税务机关(盖章) 填票人(章)	上列款项已收妥并划转收款单位账户 国库(银行)盖章　年　月　日		备注	

沈阳新科设备有限公司 财务专用章

工行沈河分理处 转讫

沈阳市地方税务局 沈河区分局

凭证 25-3

中华人民共和国税收通用缴款书(地)

隶属关系：

注册类型： 填发日期： 年 月 日 征收机关：

缴款单位	代码		预算科目	编码	
	全称			名称	
	开户银行			级次	
	账号		收款国库		
税款所属时期 年 月 日			税款限缴日期 年 月 日		

品目名称	课税数量	计税金额或销售收入	税率或单位税额	已缴或扣除额	实缴金额
金额合计（大写）					

缴款单位(人) (盖章) 经办人(章)	税务机关 (盖章) 填票人(章)	上列款项已收妥并划转收款单位账户 国库(银行)盖章 年 月 日	备 注

沈阳新科设备有限公司 财务专用章

工行沈河分理处 转讫

沈阳市地方税务局 沈河区分局

凭证 25-4

中华人民共和国税收通用缴款书(地)

隶属关系：

注册类型： 填发日期： 年 月 日 征收机关：

缴款单位	代码		预算科目	编码	
	全称			名称	
	开户银行			级次	
	账号		收款国库		
税款所属时期 年 月 日			税款限缴日期 年 月 日		

品目名称	课税数量	计税金额或销售收入	税率或单位税额	已缴或扣除额	实缴金额
金额合计（大写）					

缴款单位(人) (盖章) 经办人(章)	税务机关 (盖章) 填票人(章)	上列款项已收妥并划转收款单位账户 国库(银行)盖章 年 月 日	备 注

沈阳新科设备有限公司 财务专用章

工行沈河分理处 转讫

沈阳市地方税务局 沈河区分局

凭证 25-5

中华人民共和国税收通用缴款书(地)

隶属关系：

注册类型：　　　　　　填发日期：　年　月　日　　　　　　征收机关：

缴款单位	代码		预算科目	编码	
	全称			名称	
	开户银行			级次	
	账号		收款国库		
税款所属时期　年　月　日			税款限缴日期　年　月　日		
品目名称	课税数量	计税金额或销售收入	税率或单位税额	已缴或扣除额	实缴金额
金额合计（大写）					
缴款单位(人) (盖章) 经办人(章)	税务机关 (盖章) 填票人(章)	上列款项已收妥并划转收款单位账户 国库(银行)盖章　年　月　日		备　注	

沈阳新科设备有限公司
财务专用章
工行沈河分理处
转讫
沈阳市地方税务局
沈河区分局

凭证 25-6

中华人民共和国税收通用缴款书(地)

隶属关系：

注册类型：　　　　　　填发日期：　年　月　日　　　　　　征收机关：

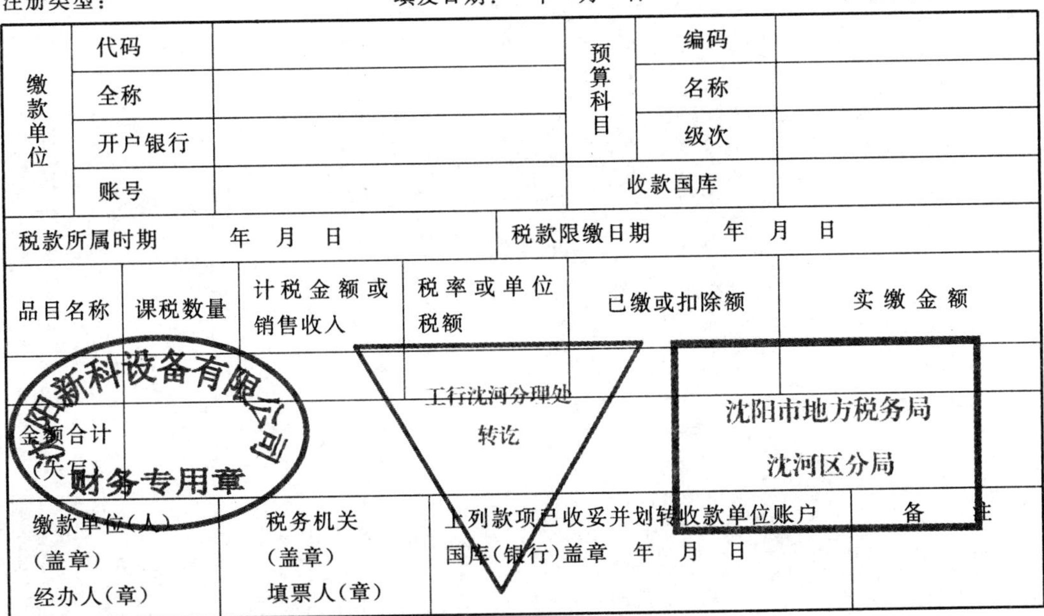

缴款单位	代码		预算科目	编码	
	全称			名称	
	开户银行			级次	
	账号		收款国库		
税款所属时期　年　月　日			税款限缴日期　年　月　日		
品目名称	课税数量	计税金额或销售收入	税率或单位税额	已缴或扣除额	实缴金额
金额合计（大写）					
缴款单位(人) (盖章) 经办人(章)	税务机关 (盖章) 填票人(章)	上列款项已收妥并划转收款单位账户 国库(银行)盖章　年　月　日		备　注	

沈阳新科设备有限公司
财务专用章
工行沈河分理处
转讫
沈阳市地方税务局
沈河区分局

凭证 26-1

辽宁省邮政专用发票

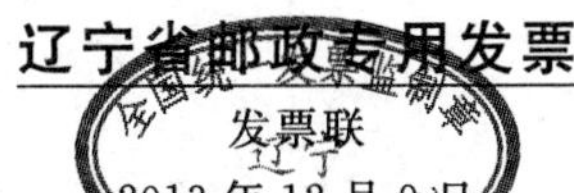

中国邮政　　　　　　　　发票联　　　　　　　　No. 348747
CHINAPOST　　　　　　2013 年 12 月 9 日　　　　　辽地税(2013)第 115 号(3)

用户名称	沈阳新科设备有限公司										
业务种类	单位	数量	单价	金额							
				十	万	千	百	十	元	角	分
邮电费							3	7	6	9	2
合计金额	人民币(大写)叁佰柒拾陆元玖角贰分					¥	3	7	6	9	2

凭证 26-2

费 用 报 销 单

报销部门：　　年　月　日　　　　　单据及附件　共　页

报销项目	摘要	金额	备注
			领导审批
合计			
金额(大写)			
会计主管	复核	出纳	报销人

凭证 27-1

辽宁省沈阳市商业零售统一发票

发票联　　　　　　　　No. 0467599
2013 年 12 月 9 日　　　　　沈地税(2013 第 116 号 4)

货号	品名及规格	单位	数量	单价	金额								
					百	十	万	千	百	十	元	角	分
525	账本	本	16						3	6	2	0	0
合计金额(大写)叁佰陆拾贰元整								¥	3	6	2	0	0
结算方式	现金		开户银行及账号										

收款单位(盖章有效)：　　　　收款人：郑新海　　　　开票人：李武

凭证 28-1

辽宁省增值税专用发票

2100023140　　　　2013 年 12 月 9 日　　　　No. 01065652

购货单位	名　　称：沈阳九路有限公司 纳税人识别号：21010434567324 地 址 、电 话：沈阳市铁西区 95 号　25142233 开户行及账号：工行铁西分理处　2200244589-6767				密码区		
货物或应税劳务名称	规格型号	单位	数量	单价	金额	税率	税额
木材		立方米	12	584.62	7 015.44	17%	1 192.62
价税合计(大写)捌仟贰佰零捌元零角陆分　(小写)¥8 208.06							
销货单位	名　　称：沈阳新科设备有限公司 纳税人识别号：210103240946666 地 址 、电 话：沈阳市沈河区 85 号　24142255 开户行及账号：工行沈河分理处　330244567-5656				备注		

收款人：王六　　复核：李七　　开票人：赵九　　销货单位：(章)

凭证 28-2

周转材料出库单

2013 年 12 月 9 日　　　　No. 0214757

材料名称	用途	单位	数量	计划单价	金额								
					百	十	万	千	百	十	元	角	分
合计													

负责人：　　　　仓库负责人：　　　　经手人：

凭证 28-3

中国工商银行进账单（回单或收账通知）第　号

日期：　　年　月　日

付款人	全　称		收款人	全　称										
	账　号			账　号										
	开户银行			开户银行										
人民币（大写）				千	百	十	万	千	百	十	元	角	分	
票据种类				收款人开户行盖章										
票据张数														
单位主管：　会计： 复核：　记账：														

工行沈河分理处
转讫

凭证 29-1

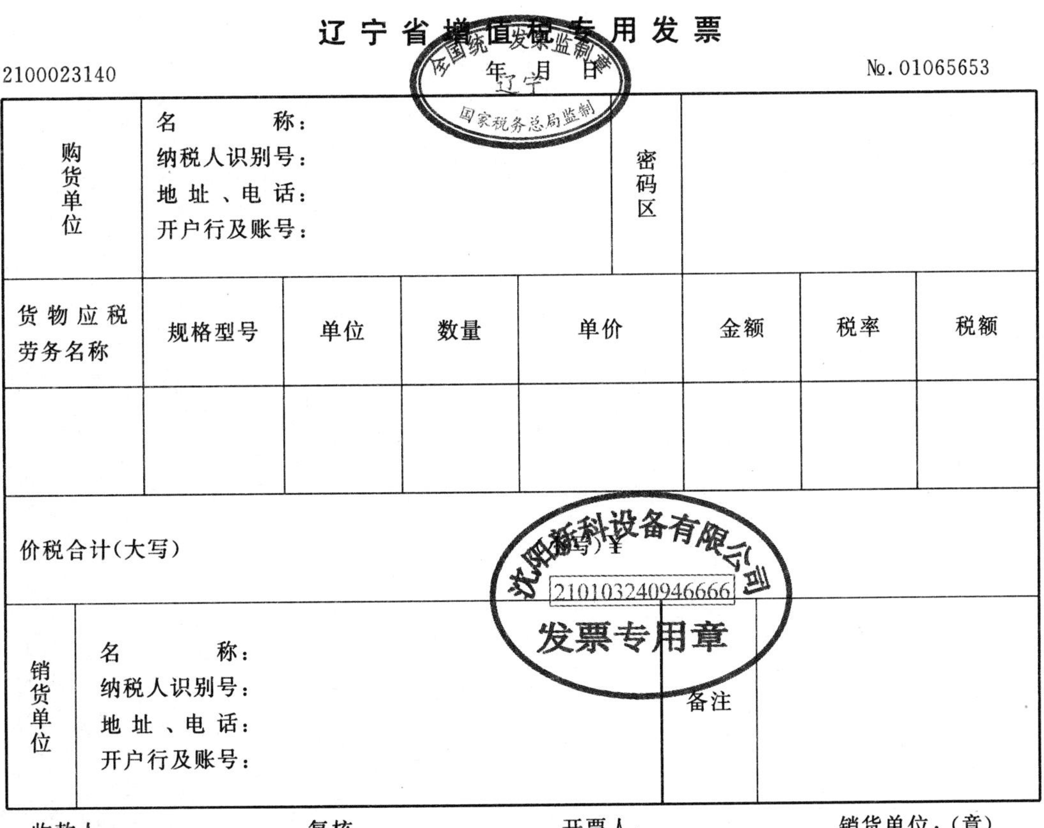

辽宁省增值税专用发票

2100023140　　　　年　月　日　　　　№.01065653

全国统一发票监制章 辽宁 国家税务总局监制

购货单位	名　称： 纳税人识别号： 地 址 、电 话： 开户行及账号：				密码区		
货物应税劳务名称	规格型号	单位	数量	单价	金额	税率	税额
价税合计（大写）				（小写）￥			
销货单位	名　称： 纳税人识别号： 地 址 、电 话： 开户行及账号：				备注		

收款人：　　复核：　　开票人：　　销货单位：（章）

沈阳新科设备有限公司
210103240946666
发票专用章

凭证 29-2

领　料　单

领料部门：　　　　　　　　　　开票日期　　年　月　日　　　　　　　　字第 0884 号

材料编号	材料名称	规格	单位	请领数量	实发数量	计划价格	
						单价	金额

用途		领料部门		发料部门	
		负责人	领料人	核准人	发料人

凭证 29-3

产品出库单

年　月　日　　　　　　　　No.034568

产品名称	规格	单位	数量	单位成本	金额								
					百	十	万	千	百	十	元	角	分
合计													

负责人：　　　　　　　　　　仓库负责人：　　　　　　　　　　经手人：

凭证 30-1

辽宁省增值税专用发票

2100023140　　　　　　2013 年 12 月 10 日　　　　　　No.01054546

购货单位	名　　称：沈阳新科设备有限公司 纳税人识别号：210103240946666 地 址 、电 话：沈阳市沈河区 85 号　24142255 开户行及账号：工行沈河分理处　330244567-5656					密码区	
货物或应税劳务名称	规格型号	单位	数量	单价	金额	税率	税额
电机	HG123	台	2	5 000.00	10 000.00	17%	1 700.00
价税合计(大写)壹万壹仟柒佰元整　　(小写)¥11700.00							
销货单位	名　　称：沈阳物资经销公司 纳税人识别号：21010624092345543 地 址 、电 话：铁西区保工街三段二里 77 号　25567896 开户行及账号：工行铁西分理处　3300254321-22338					备注	沈阳物资经销公司 21010624092345543 发票专用章

收款人：赵四　　　　复核：李奇　　　　开票人：吴大　　　　销货单位：(章)

凭证 30-2

工 程 物 资 入 库 单

年 月 日　　　　No.323265

名称	规格	单位	数量	单价	金额								
					百	十	万	千	百	十	元	角	分
合计													

仓库负责人：　　　　出库经手人：　　　　记账：

凭证 31-1

辽 宁 省 增 值 税 专 用 发 票

2100023140　　　　2013 年 12 月 10 日　　　　No.01065648

购货单位	名　　称：沈阳还新废旧物资回收公司 纳税人识别号：224477405876543 地 址 、电 话：沈阳市沈河区中街路 12 号 23433869 开户行及账号：中行沈河支行　12224567				密码区		
货物或应税劳务名称	规格型号	单位	数量	单价	金额	税率	税额
废钢		吨	0.1	1 620.00	162.00	17%	27.54
价税合计(大写)壹佰捌拾玖元伍角肆分				(小写)￥189.54			
销货单位	名　　称：沈阳新科设备有限公司 纳税人识别号：210103240946666 地 址 、电 话：沈阳市沈河区 85 号　24142255 开户行及账号：工行沈河分理处　330244567-5656				备注	沈阳新科设备有限公司 210103240946666 发票专用章	

收款人：　　　　复核：　　　　开票人：丁一　　　　销货单位：(章)

凭证 31-2

付款收据(第三联)

年　　月　　日

交款单位		金额								
		百	十	万	千	百	十	元	角	分
人民币(大写)										
付款事由										
备注:										

沈阳新科设备有限公司 财务专用章

财务负责人:　　　　经手人:　　　　出纳:李丽　　　　记账:

此据只作为内部收付款凭证,不得倒替发货票使用。

三联必须一次复写填制,不得涂改。

凭证 31-3

固定资产清理结转表

年　　月　　日

固定资产名称		使用单位			
原始价值		累计折旧		账面净值	
清理费用		变价收入		减值准备	
处置利得		处置损失		其他	

审核:　　　　制表:

凭证 32-1

工程物资出库单

年　　月　　日　　　　No.4570

名称	规格	单位	数量	单位成本	金额								
					百	十	万	千	百	十	元	角	分
合计													

仓库负责人:　　　　出库经手人:　　　　记账:

凭证 33-1

商业承兑汇票贴现凭证(收账通知) 4

填写日期　贰零壹叁年壹拾贰月零壹拾日　　　　VG32321

申请人	名　称	沈阳新科设备有限公司	贴现汇票	种　类	商业承兑汇票									
	账　号	330244567-5656		出票日	2013 年 11 月 10 日									
	开户银行	中国工商银行沈河分理处		到期日	2014 年 2 月 10 日									
汇票承兑人		上海金贸公司	账号	3302418-3456	工商银行上海分行									
汇票金额		人民币(大写)：叁拾万元整			千	百	十	万	千	百	十	元	角	分
						¥	3	0	0	0	0	0	0	0
贴现率(月)			贴现息		贴现净额	千	百	十	万	千	百	十	元	角	分
上述款项已进入你单位账户承兑。 此致					备注 年　　月　　日									

工行沈河分理处
转讫

会计：　　　　　　　　复核：

凭证 34-1

材 料 入 库 单

年　月　日　　　　No. 37872

材料名称	计量单位	数量		实际成本		计划单价	金额	差异
		应收	实收	单价	金额			
合计								

保管员：　　　　　　　　制单：　　　　　　　　经手人：

凭证 34-2

辽宁省增值税专用发票

2100023140　　　　2013年12月10日　　　　No.01054678

购货单位	名　　称：沈阳新科设备有限公司 纳税人识别号：210103240946666 地址、电话：沈阳市沈河区85号　24142255 开户行及账号：工行沈河分理处　330244567-5656					密码区	
货物应税劳务名称	规格型号	单位	数量	单价	金额	税率	税　额
不锈钢板	14mm	吨	11	13 976.92	153 746.12	17%	26 136.84
价税合计(大写)壹拾柒万玖仟捌佰捌拾叁元整				(小写)￥179 882.96			
销货单位	名　　称：鞍山钢铁公司 纳税人识别号：210349539964846 地址、电话：鞍山市铁西区25-5号　86613275 开户行及账号：工行铁西分理处　330100-2198				备注	鞍山钢铁公司 210349539964846 发票专用章	

收款人：　　　复核：　　　开票人：赵七　　　销货单位：(章)

凭证 34-3

中国工商银行　银行汇票 3(回单)

付款期：壹个月　　　　汇票号码　　No.0607802

第　　号

签发日期(大写)	贰零壹叁年拾贰月零陆日	兑付地点：鞍山　兑付行：　行号：
收款人：鞍山钢铁公司	账号或住址：330100-2198	
汇款金额	人民币(大写)壹拾伍万元整	

实际结算金额人民币(大写)	千	百	十	万	千	百	十	元	角	分
壹拾伍万元整		￥	1	5	0	0	0	0	0	0

汇款人： 发行人： 行号： 汇款用途： 签发行盖章	账号或住址：								
	多余款金额								科目(付) 对方科目(收) 兑付日期　年　月　日 复核　　记账
	十	万	千	百	十	元	角	分	

工行沈河分理处 转讫

凭证 35-1

材 料 入 库 单

年　月　日　　　　　　No. 37873

材料名称	计量单位	数量		实际成本		计划单价	金额	差异
		应收	实收	单价	金额			
合计								

保管员：　　　　制单：　　　　经手人：

凭证 35-2

辽宁省增值税专用发票

2100023140　　　　20□□年 12 月 10 日　　　　No. 0667788

全国统一发票监制章 辽宁 国家税务总局监制

购货单位	名称：沈阳新科设备有限公司 纳税人识别号：210103240946656 地址、电话：沈阳市沈河区 85 号　24142255 开户行及账号：工行沈河分理处　330244567-5656					密码区	
货物或应税劳务名称	规格型号	单位	数量	单价	金额	税率	税额
不锈钢管	70mm	吨	14	11838.74	165742.36	17%	28176.20
价税合计(大写)壹拾玖万叁仟玖佰壹拾捌元伍角陆分　(小写)￥193918.56							
销货单位	名称：沈阳劝成钢材公司 纳税人识别号：210106240923455 地址、电话：皇姑区三台子 7 号　86567896 开户行及账号：工行皇姑分理处　3300254431-23538						

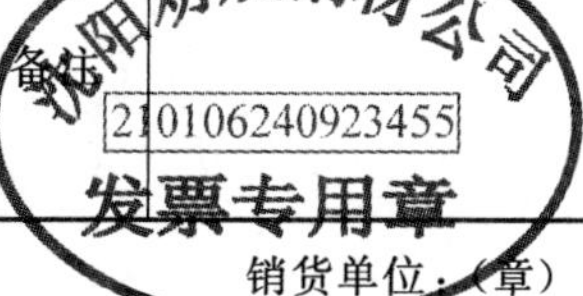

收款人：　　　复核：　　　开票人：沈九　　　销货单位：(章)

凭证 35-3

中国工商银行 转账支票存根(辽) Ⅻ52226085 附加信息： 出票日期：　年　月　日 收款人： 金　额： 用　途： 单位主管：　　会计：	ICBC 中国工商银行转账支票(辽)　Ⅻ52226085 出票日期(大写)　年　月　日　　开户银行名称： 收　款　人：　　签发人账号： 人民币(大写)　百 十 万 千 百 十 元 角 分 用途： 上列款项请从我账户内支付。 沈阳新科设备有限公司 财务专用章 出票人签章：张新 科印　　复核：　　记账：

凭证 36-1

领 料 单

领料部门：　　　　　　开票日期　　年　月　日　　　　　　字第 0885 号

材料编号	材料名称	规格	单位	请领数量	实发数量	计划价格	
						单价	金额

用途		领料部门		发料部门	
		负责人	领料人	核准人	发料人

凭证 37-1

中国工商银行进账单(回单或收账通知)第　号

日期：2013 年 12 月 10 日

付款人	全　称	德邦证券公司	收款人	全　称	沈阳新科设备有限公司
	账　号	55544433366		账　号	330244567-5656
	开户银行	工行铁西支行		开户银行	工商银行沈河分理处

人民币（大写）叁仟元整	千	百	十	万	千	百	十	元	角	分
				¥	3	0	0	0	0	0

票据种类	债券	收款人开户行盖章
票据张数	1 张	
单位主管：　会计： 复核：　记账：		

工行沈河分理处 转讫

凭证 37-2

工商企业资金往来专用发票(副联)

客户名称:沈阳新科设备有限公司　　日期:2013 年 12 月 10 日　　第　号

往来项目	单位	数量	单价	金额										此票使用范围
				千	百	十	万	千	百	十	元	角	分	
债券利息								3	0	0	0	0	0	本发票由本市的工商企业发生除商品销售、提供加工以外的资金往来时使用,如借款等
小写金额合计							¥	3	0	0	0	0	0	
大写金额	叁仟元整													

德邦证券公司
210106789011
发票专用章

开票单位:德邦证券公司　　开票人:张三

凭证 38-1

收 款 收 据(第三联)

2013 年 12 月 10 日

交款单位	沈阳新科设备有限公司	金额								
		百	十	万	千	百	十	元	角	分
人民币(大写)	捌佰元整				¥	8	0	0	0	0
交款事由	包装物押金									
备注:										

鞍山钢铁公司
财务专用章

财务负责人:　　经手人:刘六　　出纳:　　记账:

此据只作为内部收付款凭证,不得倒替发货票使用。

三联必须一次复写填制,不得涂改

凭证 39-1

辽宁省增值税专用发票

2100023140　　　2013 年 12 月 11 日　　　№.01065653

购货单位	名　　称：深圳电子镀膜厂 纳税人识别号：440612240589366 地 址 、电 话：深圳市蛇口区长征路 44 号　22378861 开户行及账号：农行蛇口支行　0043301567					密码区		
货物或应税劳务名称	规格型号	单位	数量	单　价	金　额	税率	税　额
镀膜机	DH-4	台	2	236 400.00	472 800.00	17%	80 376.00
价税合计(大写) 伍拾伍万叁仟壹佰柒拾陆元整　　(小写)¥ 553 176.00							
销货单位	名　　称：沈阳新科设备有限公司 纳税人识别号：210103240946666 地 址 、电 话：沈阳市沈河区 85 号　24142255 开户行及账号：工行沈河分理处　330244567-5656						

收款人：　　复核：　　开票人：丁一　　销货单位：(章)

凭证 39-2

领　料　单

领料部门：　　开票日期　年　月　日　　字第 0886 号

材料编号	材料名称	规格	单位	请领数量	实发数量	计划价格	
						单价	金额
用途		领料部门		发料部门			
		负责人	领料人	核准人	发料人		

②仓库记账后转财务科

凭证 39-3

产品出库单

年　　月　　日　　　　　　　　　　　　No.034569

产品名称	规格	批号	单位	数量	单位成本	金额								
						百	十	万	千	百	十	元	角	分
合计														

负责人：　　　　　　　　　　仓库负责人：　　　　　　　　　　经手人：

凭证 39-4

中国工商银行　银行进账单(回单或收账通知)3

日期：2013 年 12 月 11 日

收款人	全　称	沈阳新科设备有限公司	付款人	全　称	深圳电子镀膜厂
	账　号	330244567-5656		账　号	0043301567
	开户银行	中国工商银行沈河分理处		开户银行	中国农业银行蛇口支行

人民币(大写)	千	百	十	万	千	百	十	元	角	分

票据种类	银行汇票	收款人开户行盖章
票据张数	1	
单位主管：　复核：	会计：　记账：	

工行沈河分理处 转讫

凭证 40-1

中国工商银行电汇凭证(通知)3

汇款单位编号：　　　委托日期：贰零壹叁年壹拾贰月壹拾壹日　　　第 0868385 号

收款单位	全称	沈阳新科设备有限公司			汇款单位	全称	大连物产集团		
	账号或住址	330244567-5656				账号或住址	9-201501100054497		
	汇入地点	沈阳市	汇入行名称	工行沈河分理处		汇出地点	大连市	汇出行名称	工商银行火车站办事处

金额	人民币(大写)：壹佰肆拾贰万壹仟贰佰元整	千	百	十	万	千	百	十	元	角	分
		¥	1	4	2	1	2	0	0	0	0

汇款用途：付应付货款	(汇出行盖章)
备注 复核：　记账：	2013 年 12 月 11 日

工行沈河分理处 转讫

凭证 41-1

材 料 入 库 单

年　月　日　　　　　　　　No. 37874

材料名称	计量单位	数　　量		实际成本		计划单价	金额	差异
		应收	实收	单价	金额			
合计								

保管员：　　　　　　　　制单：　　　　　　　　经手人：

凭证 41-2

材料损耗报告单

年　月　日

供应单位	材料名称	计量单位	损耗数量	单价	价款	税额	价税合计	处理意见

凭证 41-3

赔偿请求单

年　月　日

货物名称		发运单位		票据号码		发运数量	
价款		运杂费				到达数量	
损失品种		损失数量				要求赔偿金额	
损失原因							

请求赔偿单位：　　　　　　　　赔偿单位：

凭证 42-1

沈阳餐饮娱乐专用发票

发票联

No. 2300933

付款单位：沈阳新科设备有限公司　　2013年12月11日　　沈地税(2006)第3版

收费项目	收费标准	次数	金额							
餐费		1			1	1	5	0	0	0
合计金额（大写）	壹仟壹佰伍拾元整			¥	1	1	5	0	0	0

沈阳万豪大酒店 2101047778889 发票专用章

开票人：李斯　　记账：王五　　交款人：张三

凭证 42-2

费 用 报 销 单

报销部门：　　年　月　日　　单据及附件　共　页

报销项目	摘要	金额	备注
			领导审批
合计			
金额（大写）			
会计主管	复核	出纳	报销人

凭证 43-1

中国工商银行付款通知单（回单）

2013年12月12日

付款人	全称	沈阳新科设备有限公司	收款人	全称	北方物资贸易公司
	账号	330244567-5656		账号	4110766358-3210
	开户银行	工行沈河分理处		开户银行	建设银行开发区支行

人民币	（大写）壹拾伍万元整	千	百	十	万	千	百	十	元	角	分
			¥	1	5	0	0	0	0	0	0

票据种类	商业承兑汇票	上列款项已从你账户扣付。 2013.12.12 开户行盖章
票据张数		
单位主管：　会计： 复核：　记账：		

工行沈河分理处 转讫

凭证 44-1

<table>
<tr><td>中国工商银行
转账支票存根(辽)
Ⅻ52226086

附加信息：

出票日期　年　月　日
收款人：
金　额：
用　途：

单位主管：　会计：</td><td>ICBC 中国工商银行转账支票(辽)　Ⅻ52226086
出票日期(大写)　年　月　日
开户银行名称：
收 款 人：　签发人账号：
人民币(大写)　百 十 万 千 百 十 元 角 分
用途：
上列款项请从我账户内支付。
沈阳新科设备有限公司 财务专用章
出票人签章：科张印新　复核：　记账：</td></tr>
</table>

凭证 44-2

行政事业单位收款收据(第二联)

2013 年 12 月 12 日

交款单位	沈阳新科设备有限公司	金额							
		十	万	千	百	十	元	角	分
人民币(大写)	壹拾万元整	1	0	0	0	0	0	0	0
收款事由									
上述款项照数收讫无误		1	0	0	0	0	0	0	0

沈阳市民政局 2101055533449 发票专用章

财务负责人：　经手人：张莉　出纳：　记账：

凭证 45-1

辽宁省社会保险费专用缴款书

隶属关系： 经济类型：

保险编号： 年　月　日 征收机关：

收款单位	征收机关		缴款单位	代　码	
	开户银行			全　称	
	账　号			开户银行	
	费　种			账　号	
缴款所属时期　年　月			限缴日期　年　月　日		
项　目	缴费基数	缴费比例	应缴费额	实缴费额	
单位缴纳					
个人缴纳					
滞纳金　过期　天，每天按费额加收（2‰）					
合计金额（大写）　佰　拾　万　仟　佰　拾　元　角　分					
专管员：　缴款单位（人） 操作员：　经办人（章）		税务机关 盖章 填票人（章）		备　注	

沈阳新科设备有限公司 财务专用章

沈阳市地方税务局 沈河区分局

凭证 45-2

辽宁省社会保险费专用缴款书

隶属关系： 经济类型：

保险编号： 年　月　日 征收机关：

收款单位	征收机关		缴款单位	代　码	
	开户银行			全　称	
	账　号			开户银行	
	费　种			账　号	
缴款所属时期　年　月			限缴日期　年　月　日		
项　目	缴费基数	缴费比例	应缴费额	实缴费额	
单位缴纳					
个人缴纳					
滞纳金　过期　天，每天按费额加收（2‰）					
合计金额（大写）　佰　拾　万　仟　佰　拾　元　角　分					
专管员：　缴款单位（人） 操作员：　经办人（章）		税务机关 盖章 填票人（章）		备　注	

沈阳新科设备有限公司 财务专用章

沈阳市地方税务局 沈河区分局

凭证 45-3

辽宁省社会保险费专用缴款书

隶属关系： 经济类型：

保险编号： 年 月 日 征收机关：

<table>
<tr><td rowspan="4">收款单位</td><td>征收机关</td><td colspan="2"></td><td rowspan="4">缴款单位</td><td>代　码</td><td></td></tr>
<tr><td>开户银行</td><td colspan="2"></td><td>全　称</td><td></td></tr>
<tr><td>账　号</td><td colspan="2"></td><td>开户银行</td><td></td></tr>
<tr><td>费　种</td><td colspan="2"></td><td>账　号</td><td></td></tr>
<tr><td colspan="4">缴款所属时期　年　月</td><td colspan="3">限缴日期　年　月　日</td></tr>
<tr><td>项　目</td><td>缴费基数</td><td>缴费比例</td><td>应缴费额</td><td colspan="3">实缴费额</td></tr>
<tr><td>单位缴纳</td><td></td><td></td><td></td><td colspan="3"></td></tr>
<tr><td>个人缴纳</td><td></td><td></td><td></td><td colspan="3"></td></tr>
<tr><td colspan="7">滞纳金　过期　天，每天按费额加收（2‰）</td></tr>
<tr><td colspan="7">合计金额（大写）　佰　拾　万　仟　佰　拾　元　角　分</td></tr>
<tr><td colspan="2">专管员：
操作员：</td><td>缴款单位（人）
经办人（章）</td><td></td><td colspan="2">税务机关
盖章
填票人（章）</td><td>备　注</td></tr>
</table>

沈阳新科设备有限公司 财务专用章

沈阳市地方税务局 沈河区分局

凭证 45-4

辽宁省社会保险费专用缴款书

隶属关系： 经济类型：

保险编号： 年 月 日 征收机关：

<table>
<tr><td rowspan="4">收款单位</td><td>征收机关</td><td colspan="2"></td><td rowspan="4">缴款单位</td><td>代　码</td><td></td></tr>
<tr><td>开户银行</td><td colspan="2"></td><td>全　称</td><td></td></tr>
<tr><td>账　号</td><td colspan="2"></td><td>开户银行</td><td></td></tr>
<tr><td>费　种</td><td colspan="2"></td><td>账　号</td><td></td></tr>
<tr><td colspan="4">缴款所属时期　年　月</td><td colspan="3">限缴日期　年　月　日</td></tr>
<tr><td>项　目</td><td>缴费基数</td><td>缴费比例</td><td>应缴费额</td><td colspan="3">实缴费额</td></tr>
<tr><td>单位缴纳</td><td></td><td></td><td></td><td colspan="3"></td></tr>
<tr><td>个人缴纳</td><td></td><td></td><td></td><td colspan="3"></td></tr>
<tr><td colspan="7">滞纳金　过期　天，每天按费额加收（2‰）</td></tr>
<tr><td colspan="7">合计金额（大写）　佰　拾　万　仟　佰　拾　元　角　分</td></tr>
<tr><td colspan="2">专管员：
操作员：</td><td>缴款单位（人）
经办人（章）</td><td></td><td colspan="2">税务机关
盖章
填票人（章）</td><td>备　注</td></tr>
</table>

沈阳新科设备有限公司 财务专用章

沈阳市地方税务局 沈河区分局

凭证 45-5

辽宁省社会保险费专用缴款书

隶属关系：　　　　　　　　　　　　　　　　　　　　　　经济类型：

保险编号：　　　　　　　　　年　　月　　日　　　　　　　征收机关：

收款单位	征收机关		缴款单位	代　码	
	开户银行			全　称	
	账　号			开户银行	
	费　种			账　号	
缴款所属时期　　年　　月			限缴日期　　年　　月　　日		

项　目	缴费基数	缴费比例	应缴费额	实缴费额
单位缴纳				
个人缴纳				
滞纳金　过期　天，每天按费额加收(2‰)				
合计金额(大写)　　佰　拾　万　仟　佰　拾　元　角　分				
专管员：　　缴款单位(人)(盖章) 操作员：　　经办人(章)		税务机关盖章 填票人(章)		备　注

（印章：沈阳新科设备有限公司 财务专用章）

（印章：沈阳市地方税务局 沈河区分局）

凭证 45-6

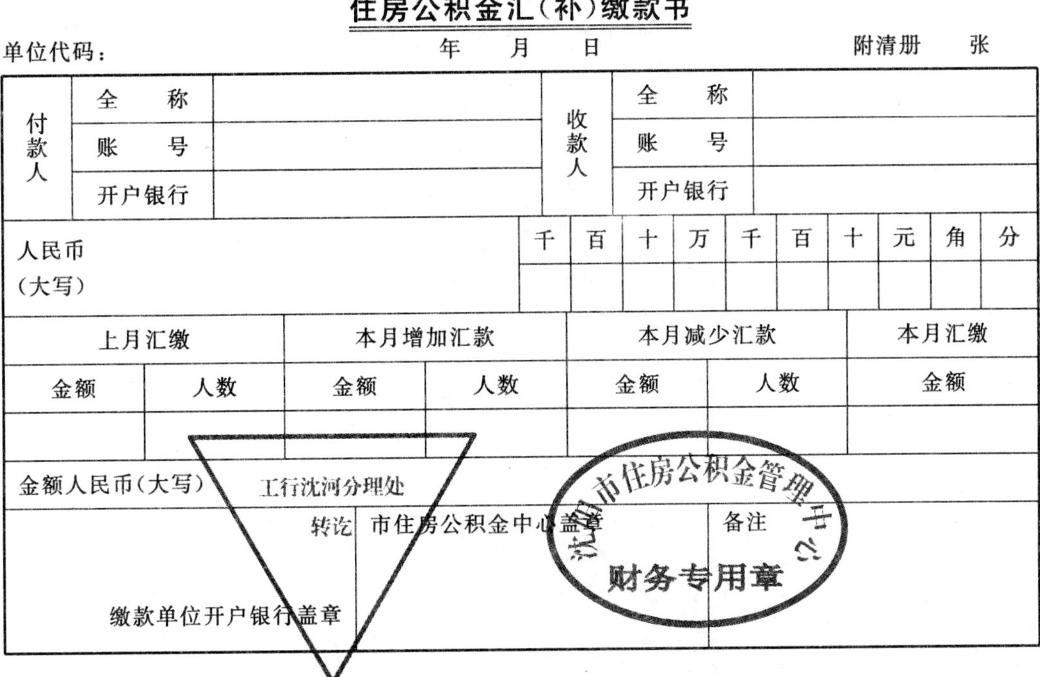

住房公积金汇(补)缴款书

单位代码：　　　　　　　　年　　月　　日　　　　　　　附清册　　张

付款人	全　称		收款人	全　称	
	账　号			账　号	
	开户银行			开户银行	

人民币(大写)	千	百	十	万	千	百	十	元	角	分

上月汇缴		本月增加汇款		本月减少汇款		本月汇缴
金额	人数	金额	人数	金额	人数	金额

金额人民币(大写)		
缴款单位开户银行盖章	转讫　市住房公积金中心盖章	备注

（印章：工行沈河分理处 转讫）

（印章：沈阳市住房公积金管理中心 财务专用章）

凭证 45-7

中国工商银行
转账支票存根(辽)
Ⅻ52226087

附加信息：______

出票日期：　年　月　日

收款人：______

金　额：______

用　途：______

单位主管：　　会计：

ICBC 中国工商银行转账支票(辽)　　Ⅻ52226087

出票日期(大写)　　年　月　日

开户银行名称：

收 款 人：______　　签发人账号：

人民币(大写)	百	十	万	千	百	十	元	角	分

用途：______

上列款项请从我账户内支付。

出票人签章：张新印（科）　　复核：　　记账：

沈阳新科设备有限公司 财务专用章

凭证 46-1

中国工商银行
转账支票存根(辽)
Ⅻ52226088

附加信息：______

出票日期：　年　月　日

收款人：______

金　额：______

用　途：______

单位主管：　　会计：

ICBC 中国工商银行转账支票(辽)　　Ⅻ52226088

出票日期(大写)　　年　月　日

开户银行名称：

收 款 人：______　　签发人账号：

人民币(大写)	百	十	万	千	百	十	元	角	分

用途：______

上列款项请从我账户内支付。

出票人签章：张新印（科）　　复核：　　记账：

沈阳新科设备有限公司 财务专用章

凭证 46-2

建筑安装业统一发票　发票联　　No.0456789

付款单位：沈阳新科设备有限公司　　2013 年 12 月 12 日　　辽地税(2006)A

服务项目	收款内容	单位	数量	单 价	金额 百	十	万	千	百	十	元	角	分
技改工程	劳务					1	4	5	0	0	0	0	0
人民币(大写)：壹拾肆万伍仟元整					¥	1	4	5	0	0	0	0	0

沈阳市市政安装公司 210106772233 发票专用章

收款人：石小兰　　经办：李大明　　收款单位：(盖章)

凭证 47-1

中国平安保险股份有限公司沈阳分公司

PINGAN INSURANCE COMPANY OF CHINA SHENYANG BRANCH

保险费专用发票 沈地税 0043447 (2007). D1

日期 Drdw：2013/12/12

兹收到

Received from 沈阳新科设备有限公司

金额

The sum of 人民币叁万陆仟贰佰肆拾元整

系

Being of 保单 2010200410301010400 的保费

工行白广路支行(工 801)

231002-89

中国平安沈阳分公司
2101087655447
发票专用章

经办：王辉 复核：郑锐

凭证 47-2

中国工商银行 转账支票存根(辽) Ⅻ 52226089 附加信息： 出票日期： 年 月 日 收款人： 金 额： 用 途： 单位主管： 会计：	ICBC 中国工商银行转账支票(辽) Ⅻ 52226089 出票日期(大写) 年 月 日 开户银行名称： 收 款 人： 签发人账号： 人民币(大写) 百 十 万 千 百 十 元 角 分 用途： 上列款项请从我账户内支付。 沈阳新科设备有限公司 财务专用章 出票人签章：张新科印 复核： 记账：

凭证 48-1

差旅费报销单

报销部门：　　　　　　　　　　　　　填报日期：　　年　　月　　日

姓名			职别				出差事由			
出差起止日期自　年　月　日起至　年　月　日止共　天附单据　张										
日期		起讫地点	天数	机票费	车船费	市内交通费	住宿费	出差伙食补助	住宿节约补助	小计
月	日									
合计										
总计金额(大写)：仟　佰　拾　万　仟　佰　拾　元　角　分										

审计审核：　财务审核：　出纳：　总监：　部门经理：　出差人：　领款人：

凭证 48-2

借款结算联

借款人	郝胜利
日期 金额	2013 年 12 月 12 日
借款金额	5 000.00
报销金额	3 215.40
交回金额	1 784.60
结付金额	3 215.40
借款人签章	

借款结清后，将“借款结算联”撕下，留会计处作转账依据。

沈阳新科设备有限公司 财务专用章

凭证 49-1

过户交易凭证

债权人编号	D135363738	成交证券	国债
债权人名称	辽宁新科设备有限公司	成交数量	30 000 份
证券代码	010408	成交价格	6.6
申报编号	668	成交金额	198 000
申报时间	09:22:01	标准佣金	2 000
成交时间	09:34:18	债券发行日期	2008/12/1
上次余额	0	债券年利率	7.2%
本次成交	30 000	应付金额	
本次余额	30 000	债券利息支付方式	1 次 1 年
本次库存	30 000		

上海证券公司

凭证 50-1

上海证券中央登记清算公司

951202		成交过户交割凭单	卖
股东编号：	A15227	成本证券：	东圣股份
电脑编号：	74276	成交数量：	
公司编号：	731	成交价格：	
申请编号：	445	成交金额：	120 000.00
申报时间：	13：30	标准佣金：	470.65
成效时间：	13：32	过户费用：	
上交余额：	5 000(股)	印花税：	
本次成交：	2 500(股)	应收金额：	119 529.35
本次余额：	0(股)	附加费用：	
本次库存：		实付金额：	

德邦证券公司

凭证 51-1

固定资产清理报废单

20　　年　月　日　　签发　　　　　　　　编号：007

主管部门：				使用单位：					
名称及型号	单位	数量	原始价值	已提折旧	净值	预计使用年限	实际使用年限	支付清理费	收回变价收入
建造单位	建造年份		出厂号	申请报废原因					

调出单位公章：　　　　主管人：　　　　调入单位公章：　　　　主管人：

凭证 51-2

辽宁省增值税专用发票

2100023140　　　　2013 年 12 月 13 日　　　　No. 01065654

购货单位	名　　称：大东物资回收公司 纳税人识别号：33556640589366 地 址 、电 话：沈阳市大东区长征路 22 号　23378861 开户行及账号：农行大东支行　113301567					密码区	
货物或应税劳务名称	规格型号	单位	数量	单 价	金 额	税率	税 额
废钢		吨	0.2	1 820.00	364.00	17%	61.88
价税合计(大写) 肆佰贰拾伍元捌角捌分				(小写)￥ 425.88			
销货单位	名　　称：沈阳新科设备有限公司 纳税人识别号：210103240946666 地 址 、电 话：沈阳市沈河区 85 号　24142255 开户行及账号：工行沈河分理处　330244567-5656				备注		

全国统一发票监制章 辽宁 国家税务总局监制

沈阳新科设备有限公司 210103240946666 发票专用章

收款人：　　　　复核：　　　　开票人：丁一　　　　销货单位：(章)

凭证 51-3

付款收据（第三联）

年　　月　　日

交款单位		金额								
		百	十	万	千	百	十	元	角	分
人民币（大写）										
收款事由										
上记款项照数收讫无误										

财务负责人：　　　　经手人：丁一　　　　出纳：　　　　记账：

此据只作为内部收款凭证，不得倒替发货票使用。

三联必须一次复写填制，不得涂改

凭证 51-4

固定资产清理结转表

年　　月　　日

固定资产名称		使用单位			
原始价值		累计折旧		账面净值	
清理费用		变价收入		减值准备	
处置利得		处置损失		其他	

审核：　　　　制表：

凭证 52-1

辽宁省租赁业专用发票

发票联

客户名称：　　　　2013年12月15日　　　　No.0071166

品名	数量	单价	金额								
无形资产			百	十	万	千	百	十	元	角	分
（　权）				¥	5	0	0	0	0	0	0
合计金额（大写）	伍万元整										

财务负责人：　　　　经手人：丁一　　　　出纳：　　　　记账：

凭证 52-2

中国工商银行进账单(回单或收账通知)第　　号

日期：　　年　　月　　日

<table>
<tr><td rowspan="3">付款人</td><td>全　称</td><td></td><td rowspan="3">收款人</td><td>全　称</td><td colspan="10"></td></tr>
<tr><td>账　号</td><td></td><td>账　号</td><td colspan="10"></td></tr>
<tr><td>开户银行</td><td></td><td>开户银行</td><td colspan="10"></td></tr>
<tr><td colspan="5" rowspan="2">人民币
(大写)</td><td>千</td><td>百</td><td>十</td><td>万</td><td>千</td><td>百</td><td>十</td><td>元</td><td>角</td><td>分</td></tr>
<tr><td></td><td></td><td></td><td></td><td></td><td></td><td></td><td></td><td></td><td></td></tr>
<tr><td colspan="2">票据种类</td><td colspan="3"></td><td colspan="10" rowspan="3">工行沈河分理处
收款人开户行盖章
转讫</td></tr>
<tr><td colspan="2">票据张数</td><td colspan="3"></td></tr>
<tr><td colspan="5">单位主管：　　会计：
复核：　　记账：</td></tr>
</table>

凭证 53-1

辽宁省增值税专用发票

2122023140　　2013 年 12 月 13 日　　№.0874321

（印章：全国统一发票监制章 辽宁 国家税务总局监制）

<table>
<tr><td>购货单位</td><td colspan="5">名　　称：沈阳新科设备有限公司
纳税人识别号：210103240946666
地 址 、电 话：沈阳市沈河区 85 号　24142255
开户行及账号：工行沈河分理处　330244567-5656</td><td>密码区</td><td></td></tr>
<tr><td>货物应税劳务名称</td><td>规格型号</td><td>单位</td><td>数量</td><td>单 价</td><td>金 额</td><td>税率</td><td>税 额</td></tr>
<tr><td>煤炭</td><td>原煤</td><td>吨</td><td>200</td><td>320.00</td><td>64 000.00</td><td>17%</td><td>10 880.00</td></tr>
<tr><td colspan="8">价税合计(大写)柒万肆仟捌佰捌拾元整　　(小写)¥74 880.00</td></tr>
<tr><td>销货单位</td><td colspan="4">名　　称：铁岭矿山公司
纳税人识别号：212306240934567
地 址 、电 话：铁法市怒江街 4 号　8656789
开户行及账号：工行铁法分理处　3322254423-23456</td><td>备注</td><td colspan="2">（印章：铁岭矿山公司 212306240934567 发票专用章）</td></tr>
</table>

收款人：　　复核：　　开票人：王猛　　销货单位：(章)

凭证 53-2

商业承兑汇票(存根)3

签发日期　　　　　　　　年　　月　　日　　　　　　　　第 4 号

<table>
<tr><td rowspan="3">收款人</td><td>全　　称</td><td colspan="3">铁岭矿山公司</td><td rowspan="3">付款人</td><td>全　　称</td><td colspan="3"></td></tr>
<tr><td>账　　号</td><td colspan="3">3322254423-23456</td><td>账　　号</td><td colspan="3"></td></tr>
<tr><td>开户银行</td><td>工行铁法分理处</td><td>行号</td><td>55711</td><td>开户银行</td><td></td><td>行号</td><td>3587</td></tr>
<tr><td colspan="2">汇票金额</td><td colspan="5">人民币
(大写)</td><td colspan="3">千 百 十 万 千 百 十 元 角 分</td></tr>
<tr><td colspan="2">汇票到期日</td><td colspan="4">年　　月　　日</td><td>交易合同号码</td><td colspan="3">00017</td></tr>
<tr><td colspan="6">备注:</td><td colspan="4"></td></tr>
</table>

工行沈河分理处
转讫

凭证 53-3

材 料 入 库 单

年　月　日　　　　　　　　No. 37875

材料名称	计量单位	数　量		实际成本		计划单价	金额	差异
		应收	实收	单价	金额			
合计								

保管员:　　　　　　　　制单:　　　　　　　　经手人:

凭证 54-1

银行借款利息计算单

年　　月　　日

项目	借款种类	本金	利率	利息金额
合计				

制表:　　　　　　　　审核:

凭证 55-1

固定资产验收单

年　月　日

<table>
<tr><td>资产编号</td><td>资产名称</td><td>型号、规格或结构面积</td><td>计量单位</td><td>数量</td><td>设备价值或工程造价</td><td>设备基础及安装费用</td><td>附加费用</td><td colspan="2">合　计</td></tr>
<tr><td></td><td></td><td></td><td></td><td></td><td></td><td></td><td></td><td colspan="2"></td></tr>
<tr><td colspan="2">资产来源</td><td colspan="2"></td><td colspan="2">使用年限</td><td></td><td rowspan="5">主要附属设备</td><td colspan="2">1.</td></tr>
<tr><td colspan="2">制造单位</td><td colspan="2"></td><td colspan="2">估计净残值</td><td></td><td colspan="2">2.</td></tr>
<tr><td colspan="2">制造日期及编号</td><td colspan="2"></td><td colspan="2">基本折旧率</td><td></td><td colspan="2"></td></tr>
<tr><td colspan="2">使用部门</td><td colspan="2"></td><td colspan="2">复杂系数</td><td></td><td colspan="2"></td></tr>
<tr><td colspan="2">移交单位负责人</td><td colspan="2"></td><td colspan="2">接收单位负责人</td><td></td><td colspan="2"></td></tr>
</table>

沈阳新科设备有限公司 财务专用章

凭证 56-1

上海证券中央登记清算公司

<table>
<tr><td>951208</td><td>成交过户交割凭单</td><td>现金股利</td></tr>
<tr><td>股东编号：A15227
电脑编号：74276
公司编号：731</td><td colspan="2">成本证券：东圣股份
成交数量：
成交价格：</td></tr>
<tr><td>申请编号：660
申报时间：
成效时间：</td><td colspan="2">成交金额：
标准佣金：
过户费用：</td></tr>
<tr><td>上交余额：
本次成交：
本次余额：
本次库存：</td><td colspan="2">印花税：
应收金额：2 000.00
附加费用：
实付金额：2 000.00</td></tr>
</table>

德邦证券公司

凭证 57-1

收款收据(第三联)

2013年12月16日

交款单位	沈阳新科设备有限公司	金额								
		百	十	万	千	百	十	元	角	分
人民币(大写)	陆佰元整					6	0	0	0	0
收款事由										
上记款项照数收讫无误					¥	6	0	0	0	0

大连物产集团 财务专用章

财务负责人：　　经手人：丁一　　出纳：　　记账：

此据只作为内部收款凭证,不得倒替发货票使用。

三联必须一次复写填制,不得涂改

凭证 57-2

费用报销单

报销部门：　　年　月　日　　单据及附件　共　页

报销项目	摘要	金额	备注	
			领导审批	
合计				
金额(大写)				
会计主管	复核	出纳	报销人	

凭证 58-1

辽宁省增值税专用发票

全国统一发票监制章 辽宁 国家税务总局监制

2100023140　　2013年12月16日　　No.01065654

购货单位	名　　称：IEC-INDIA 纳税人识别号： 地 址 、电 话： 开户行及账号：中国银行中山分理处　6698352144					密码区		
货物或应税劳务名称	规格型号	单位	数量	单　价	金　额	税率	税　额	
镀膜机	DH-3	台	1	385 400.00	385 400.00	0		
价税合计(大写)叁拾捌万伍仟肆佰元整				(小写)¥385 400.00				
销货单位	名　　称：沈阳新科设备有限公司 纳税人识别号：210103240946666 地 址 、电 话：沈阳市沈河区85号　24142255 开户行及账号：工行沈河分理处　244678-3838				备注			

沈阳新科设备有限公司 210103240946666 发票专用章

收款人：　　复核：　　开票人：丁一　　销货单位：(章)

凭证 58-2

周转材料领用单

领料部门： 开票日期 年 月 日 字第 0887 号

材料编号	材料名称	规格	单位	请领数量	实发数量	计划价格	
						单价	金额
用途		领料部门		发料部门			
		负责人	领料人	核准人	发料人		

②仓库记账后转财务科

凭证 58-3

产品出库单

年 月 日 №.034570

产品名称	规格	单位	数量	单位成本	金额								
					百	十	万	千	百	十	元	角	分
合计													

负责人： 仓库负责人： 经手人：

凭证 58-4

中国银行特种转账支票(回单或收账通知)

贰零壹叁年壹拾贰月壹拾伍日

收款单位	全　称	沈阳新科设备有限公司	付款单位	全　称	IEC-INDIA
	账号或地址	330244567-5656		账号或地址	6698352144
	开户银行	工行银行沈河分理处		开户银行	中国银行中山分理处

金额	人民币(大写)：叁拾捌万伍仟肆佰元整	千	百	十	万	千	百	十	元	角	分
			¥	3	8	5	4	0	0	0	0
票据种类		收款银行签章									
票据张类											
单位主管： 会计：											
复核： 记账：											

工行沈河分理处
转讫
385 400.00

凭证 59-1

银行借款利息计算单

年　　月　　日

项目	借款种类	本金	利率	利息金额
合计				

审核：　　　　　　　　　　　　　　　　　　　　　　制表：

凭证 59-2

特种转账支票借方凭证

年　　月　　日　　　　　　　　　　　　对方科目：

收款单位	全　称	中国工商银行	付款单位	全　称	沈阳新科设备有限公司
	账　号	333-555		账　号	330244567-5656
	开户银行	工商银行沈阳开发区支行		开户银行	工商银行沈河分理处
委托金额	人民币 （大写）				千 百 十 万 千 百 十 元 角 分
款项内容	归还短期借款		借款期限		2013.6.16—2013.12.16
上述款项已从你户存款中扣除		银行意见：盖章			

工行沈河分理处
转讫

凭证 60-1

中国工商银行电汇凭证(回单)

委托日期：　　年　月　日

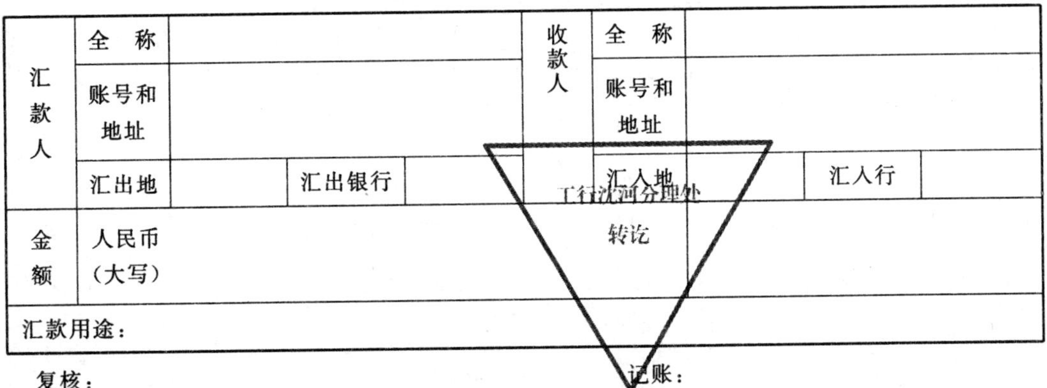

汇款人	全　称			收款人	全　称		
	账号和地址				账号和地址		
	汇出地		汇出银行		汇入地		汇入行
金额	人民币 （大写）						
汇款用途：							

工行沈河分理处
转讫

复核：　　　　　　　　　　　　　　　　　　　　　　记账：

凭证 61-1

工商企业资金往来专业发票(副联)

客户名称：沈阳新科设备有限公司　　日期　　年　　月　　日　　　　　　第　　号

往来项目	单位	数量	单价	金额										此票使用范围
				千	百	十	万	千	百	十	元	角	分	
债券						6	2	5	6	0	0	0	0	本发票由本市的工商企业发生除商品销售、提供加工以外的资金往来时使用，如借款等。
小写金额合计					¥	6	2	5	6	0	0	0	0	
大写金额	陆拾贰万伍仟陆佰元整													

开票单位：　　　　　　　　开票人：赵四

沈阳证券公司 3322444555546 发票专用章

凭证 61-2

中国工商银行进账单(回单或收账通知)第　号

日期：　　年　月　日

付款人	全　称	银河公司	收款人	全　称	
	账　号	5554443336		账　号	
	开户银行	工行河北支行		开户银行	

人民币（大写）	千	百	十	万	千	百	十	元	角	分

票据种类		收款人开户行盖章
票据张数		
单位主管：　会计： 复核：　记账：		

工行沈河分理处 转讫

凭证 62-1

差旅费报销单

报销部门： 填报日期： 年 月 日

姓名		职别		出差事由	

出差起止日期自 年 月 日起至 年 月 日止共 天附单据 张

日期		起讫地点	天数	机票费	车船费	市内交通费	住宿费	出差伙食补助	住宿节约补助	小计
月	日									
合计										

总计金额(大写)： 仟 佰 拾 万 仟 佰 拾 元 角 分

审计审核： 财务审核： 出纳： 总监： 部门经理： 出差人： 领款人：

凭证 63-1

中国工商银行
转账支票存根(辽)
Ⅻ52226090

附加信息：

出票日期： 年 月 日

收款人：

金　额：

用　途：

单位主管： 会计：

ICBC 中国工商银行转账支票(辽) Ⅻ52226090

出票日期(大写) 年 月 日

开户银行名称：

收 款 人：

签发人账号：

人民币(大写)	百	十	万	千	百	十	元	角	分

用途：

上列款项请从我账户内支付。

出票人签章： 张新科印 沈阳新科设备有限公司 财务专用章 复核： 记账：

凭证 63-2

辽宁省增值税专用发票

2123023167　　　　2013 年 12 月 17 日　　　　№.0865432

<table>
<tr><td rowspan="4">购货单位</td><td colspan="5">名　　　称：沈阳新科设备有限公司</td><td rowspan="4">密码区</td><td rowspan="4"></td></tr>
<tr><td colspan="5">纳税人识别号：210103240946666</td></tr>
<tr><td colspan="5">地 址 、电 话：沈阳市沈河区 85 号　24142255</td></tr>
<tr><td colspan="5">开户行及账号：工行沈河分理处　330244567-5656</td></tr>
<tr><td>货物或应税劳务名称</td><td>规格型号</td><td>单位</td><td>数量</td><td>单 价</td><td>金 额</td><td>税率</td><td>税 额</td></tr>
<tr><td>联想电脑</td><td>1427</td><td>台</td><td>2</td><td>4500.00</td><td>9000.00</td><td>17%</td><td>1530.00</td></tr>
<tr><td colspan="8">价税合计(大写)壹万零伍佰叁拾元整　　　(小写)￥10530.00</td></tr>
<tr><td rowspan="4">销货单位</td><td colspan="5">名　　　称：三好电脑城</td><td rowspan="4">备注</td><td rowspan="4">三好电脑城 2132145677866 发票专用章</td></tr>
<tr><td colspan="5">纳税人识别号：2132145677866</td></tr>
<tr><td colspan="5">地 址 、电 话：沈阳市三好街 4 号　2356789</td></tr>
<tr><td colspan="5">开户行及账号：工行三好分理处　3456789-24680</td></tr>
</table>

收款人：　　　复核：　　　开票人：孙毅　　　销货单位：(章)

凭证 63-3

固定资产验收交接单

年　月　日

<table>
<tr><td>资产编号</td><td>资产名称</td><td>型号、规格或结构面积</td><td>计量单位</td><td>数量</td><td>设备价值或工程造价</td><td>设备基础及安装费用</td><td>附加费用</td><td>合 计</td></tr>
<tr><td></td><td></td><td></td><td></td><td></td><td></td><td></td><td></td><td></td></tr>
<tr><td colspan="2">资产来源</td><td colspan="2"></td><td colspan="2">耐用年限</td><td></td><td rowspan="4">主要附属设备</td><td rowspan="4">沈阳新科设备有限公司 财务专用章</td></tr>
<tr><td colspan="2">制造单位</td><td colspan="2"></td><td colspan="2">估计残值</td><td></td></tr>
<tr><td colspan="2">制造日期及编号</td><td colspan="2"></td><td colspan="2">基本折旧率</td><td></td></tr>
<tr><td colspan="2">使用部门</td><td colspan="2"></td><td colspan="2">复杂系数</td><td></td></tr>
</table>

凭证 64-1

材料入库单

年　月　日　　No. 37876

材料名称	计量单位	数量		实际成本		计划单价	金额	差异
		应收	实收	单价	金额			

保管员：　　制单：　　经手人：

凭证 65-1

辽宁省租赁业专用发票

客户名称：黄河机械厂　　2013 年 12 月 18 日　　No. 0074423

品名	数量	单价	金额								
			百	十	万	千	百	十	元	角	分
固定资产出租						3	0	0	0	0	0
					¥	3	0	0	0	0	0
合计金额（大写）	叁仟元整										

开票：丁一

凭证 65-2

中国工商银行转账进账单(回单)

填制日期 2013 年 12 月 18 日

开户银行：中国工商银行沈河分理处　　　　第 06687509 号

<table>
<tr><td colspan="2">进账单位名称</td><td colspan="10">沈阳新科设备有限公司</td><td colspan="4">进账单位账号</td><td colspan="10">330244567-5656</td></tr>
<tr><td colspan="2" rowspan="2">款项来源</td><td colspan="14" rowspan="2">租金</td><td colspan="10">金　　额</td></tr>
<tr><td>千</td><td>百</td><td>十</td><td>万</td><td>千</td><td>百</td><td>十</td><td>元</td><td>角</td><td>分</td></tr>
<tr><td colspan="2">人民币(大写)</td><td colspan="14">叁仟元整</td><td></td><td></td><td></td><td>¥</td><td>3</td><td>0</td><td>0</td><td>0</td><td>0</td><td>0</td></tr>
<tr><td rowspan="3">付款银行名称</td><td rowspan="2">付款单位名称或账号</td><td colspan="9">金　　额</td><td colspan="15">工行沈河分理处
转讫</td></tr>
<tr><td>百</td><td>十</td><td>万</td><td>千</td><td>百</td><td>十</td><td>元</td><td>角</td><td>分</td><td colspan="15" rowspan="2">中国工商银行沈河分理处签章：(章)
日期</td></tr>
<tr><td>黄河机械厂</td><td></td><td></td><td>¥</td><td>3</td><td>0</td><td>0</td><td>0</td><td>0</td><td>0</td></tr>
</table>

凭证 66-1

<table>
<tr><td>中国工商银行
转账支票存根(辽)
Ⅻ08152227

附加信息：＿＿＿＿＿＿
＿＿＿＿＿＿
＿＿＿＿＿＿

出票日期：　年　月　日
收款人：＿＿＿＿＿＿
金　额：＿＿＿＿＿＿
用　途：＿＿＿＿＿＿

单位主管：　　会计：</td><td>ICBC 中国工商银行转账支票(辽)　　Ⅻ08152227
出票日期(大写)　　年　月　日
开户银行名称：
收 款 人：＿＿＿＿＿＿＿＿　　签发人账号：

人民币(大写)	百	十	万	千	百	十	元	角	分

用途：＿＿＿＿＿＿＿＿
上列款项请从我账户内支付。

沈阳新科设备有限公司 财务专用章

出票人签章：科张印新　　复核：　　记账：</td></tr>
</table>

凭证 66-2

新科设备有限公司工资结算表

2013 年 12 月　　　　第 1 页　　共 1 页

姓名	工资	补贴	应发	代扣				实发数	签名
				养老	医疗	失业	住房公积金		
王杰	868.50	280	1 148.50	91.88	22.97	11.49	114.85	1 149.50	王杰
陈立	909.30	280	1 189.30	95.14	23.79	11.89	118.93	1 189.30	陈立
~~									
黎明	829.50	200	1 029.50	82.36	20.58	10.30	102.95	1 029.50	黎明
合 计	980 000	31 000	129 000.00	10 320	2 580	1 290	12 900	101 910.00	
				14 190.00					

制表：丁二　　　　审核：

凭证 67-1

中国工商银行 转账支票存根(辽) ⅫⅠ52226091 附加信息： 出票日期：　年　月　日 收款人： 金　额： 用　途： 单位主管：　会计：	ICBC 中国工商银行转账支票(辽)　　ⅫⅠ52226091 出票日期(大写)　年　月　日　　开户银行名称： 收　款　人：　　签发人账号： 人民币(大写)　百 十 万 千 百 十 元 角 分 用途： 上列款项请从我账户内支付。 出票人签章：【张新科印】【沈阳新科设备有限公司 财务专用章】　复核：　记账：

凭证 67-2

工会经费缴款书

缴款单位：　　　　　　　　　　年　月　日　　　　　　　　　　字第　号

所属月份		职工人数		本月工资总额		按 2%计算应缴经费	
收入基层工会		上解上级工会			缴款单位		
户名		户名			户名		
账号		账号			账号		
开户银行		开户银行			开户银行		

比例	千	百	十	万	千	百	十	元	角	分

金额大写：		上列款项已划转有关工会账户 银行盖章
缴款单位盖章 年　月　日	工会委员盖章 年　月　日	

沈阳新科设备有限公司 财务专用章

工行沈河分理处 转讫

凭证 67-3

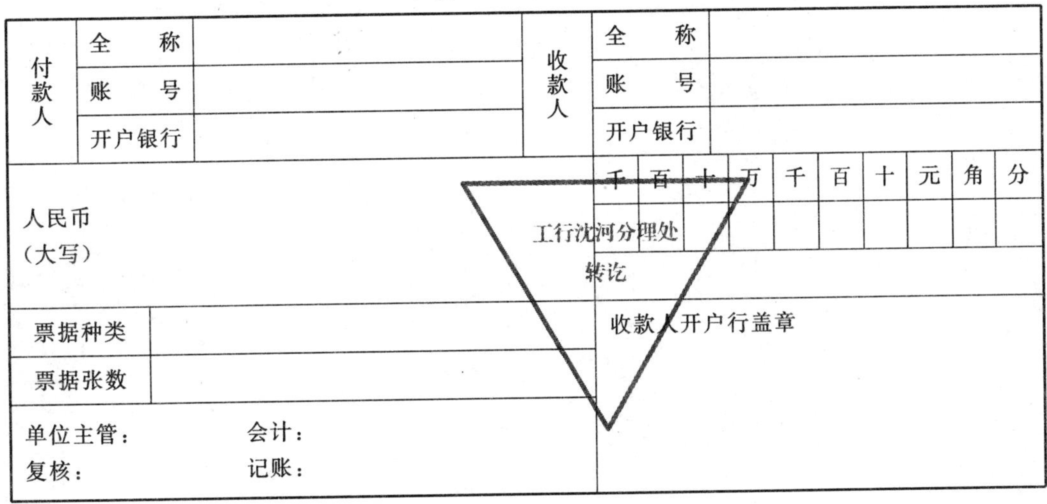

中国工商银行进账单(回单或收账通知)第　号

日期：　　年　月　日

付款人	全　称		收款人	全　称	
	账　号			账　号	
	开户银行			开户银行	

人民币(大写)	千	百	十	万	千	百	十	元	角	分

票据种类		收款人开户行盖章
票据张数		
单位主管：　会计： 复核：　记账：		

工行沈河分理处 转讫

凭证 68-1

中国工商银行 转账支票存根(辽) Ⅻ52226092 附加信息： 出票日期：　年　月　日 收款人： 金　额： 用　途： 单位主管：　会计：	ICBC 中国工商银行转账支票(辽)　Ⅻ52226092 出票日期(大写)　年　月　日 开户银行名称： 收 款 人：　签发人账号： 人民币(大写)　百 十 万 千 百 十 元 角 分 用途： 上列款项请从我账户内支付。 沈阳新科设备有限公司 财务专用章 张新科印 出票人签章：　复核：　记账：

凭证 68-2

辽宁省沈阳市报刊发行专用发票

全国统一发票监制章 辽宁 国家税务总局监制

户名：沈阳新科设备有限公司

地址：

地税(2002)第 6 版(5)

报纸代号	报刊名称	订阅份数	起止订期	每份月价单	金额 万	千	百	十	元	角	分
111	××报	20									
金额合计：捌仟伍佰陆拾元整(大写)					¥	8	5	6	0	0	0

沈阳出版集团公司 210106554433223 发票专用章

凭证 69-1

库存现金盘点表

盘点日期:2013 年 12 月 18 日

清点现金			核对账目	
货币面值	张数	金额	项目	金额
100.00			截止盘点日现金账面余额	
50.00			其中:	
20.00				
10.00			加:收入凭证未入账	
5.00			欠人现金	
2.00			职工未领取的工资	
1.00			减:付出凭证未入账	
0.50			白条充抵现金(张)	
0.20				
0.10				
0.05				
0.02				
0.01				
存折				
现金等价物				
			调整后现金余额	
现金合计			长款(+)或短款(—)	
说明:				

负责人: 会计主管: 出纳: 盘点:

凭证 69-2

库存现金盘点报告表

年 月 日

账面数量	实存数量	长款		短款		处理意见
		数量	金额	数量	金额	

财务: 审批: 主管: 出纳: 制单:

凭证 69-3

收款收据(第三联)

年　　月　　日

交款单位		金额								
		百	十	万	千	百	十	元	角	分
人民币(大写)										
收款事由										
上记款项照数收讫无误										

财务负责人：　　　　经手人：丁一　　　　出纳：　　　　记账：

沈阳新科设备有限公司 财务专用章

此据只作为内部收款凭证，不得倒替发货票使用。

三联必须一次复写填制，不得涂改

凭证 70-1

中国工商银行
现金支票存根(辽)
Ⅻ08152227

附加信息：

出票日期：　　年　　月　　日

收款人：

金　额：

用　途：

单位主管：　　会计：

ICBC 中国工商银行现金支票(辽)　　Ⅻ08152227

出票日期(大写)　　年　　月　　日

开户银行名称：

收 款 人：

签发人账号：

人民币(大写)	百	十	万	千	百	十	元	角	分

用途：

上列款项请从我账户内支付。

沈阳新科设备有限公司 财务专用章

出票人签章：张新科印　　复核：　　记账：

凭证 70-2

辽宁省餐饮业统一发票

单位：沈阳新科设备有限公司

货号	品名	规格	单位	数量	单价	金额							备注
						千	百	十	元	角	分		
	餐饮费					1	2	0	0	0	0		
						¥	1	2	0	0	0	0	
合计金额（大写）	壹仟贰佰元整												

收款：李乐　　　　开票：赵松

凭证 71-1

产　品　入　库　单

交库部门：　　　　年　月　日　　　　No. 05432

产品名称	产品规格	产品编号	计量单位	实收数量	单位成本	实际成本
合计						

记账：　　　主管：　　　保管：　　　交库：

凭证 72-1

领　料　单

领料部门：　　　　开票日期　　年　月　日　　　　字第 0888 号

材料编号	材料名称	规格	单位	请领数量	实发数量	计划价格	
						单价	金额
用途		领料部门			发料部门		
		负责人		领料人	核准人		发料人

②仓库记账后转财务科

凭证 73-1

领　料　单

领料部门：　　　　　　　　开票日期　　年　月　日　　　　　字第 0889 号

<table>
<tr><td rowspan="2">材料编号</td><td rowspan="2">材料名称</td><td rowspan="2">规格</td><td rowspan="2">单位</td><td rowspan="2">请领数量</td><td rowspan="2">实发数量</td><td colspan="2">计划价格</td></tr>
<tr><td>单价</td><td>金额</td></tr>
<tr><td></td><td></td><td></td><td></td><td></td><td></td><td colspan="2"></td></tr>
<tr><td></td><td></td><td></td><td></td><td></td><td></td><td colspan="2"></td></tr>
<tr><td></td><td></td><td></td><td></td><td></td><td></td><td colspan="2"></td></tr>
<tr><td></td><td></td><td></td><td></td><td></td><td></td><td colspan="2"></td></tr>
<tr><td rowspan="3">用途</td><td rowspan="3"></td><td colspan="3">领料部门</td><td colspan="3">发料部门</td></tr>
<tr><td>负责人</td><td colspan="2">领料人</td><td colspan="2">核准人</td><td>发料人</td></tr>
<tr><td></td><td colspan="2"></td><td colspan="2"></td><td></td></tr>
</table>

②仓库记账后转财务科

凭证 73-2

领　料　单

领料部门：　　　　　　　　开票日期　　年　月　日　　　　　字第 0890 号

<table>
<tr><td rowspan="2">材料编号</td><td rowspan="2">材料名称</td><td rowspan="2">规格</td><td rowspan="2">单位</td><td rowspan="2">请领数量</td><td rowspan="2">实发数量</td><td colspan="2">计划价格</td></tr>
<tr><td>单价</td><td>金额</td></tr>
<tr><td></td><td></td><td></td><td></td><td></td><td></td><td colspan="2"></td></tr>
<tr><td></td><td></td><td></td><td></td><td></td><td></td><td colspan="2"></td></tr>
<tr><td></td><td></td><td></td><td></td><td></td><td></td><td colspan="2"></td></tr>
<tr><td></td><td></td><td></td><td></td><td></td><td></td><td colspan="2"></td></tr>
<tr><td rowspan="3">用途</td><td rowspan="3"></td><td colspan="3">领料部门</td><td colspan="3">发料部门</td></tr>
<tr><td>负责人</td><td colspan="2">领料人</td><td colspan="2">核准人</td><td>发料人</td></tr>
<tr><td></td><td colspan="2"></td><td colspan="2"></td><td></td></tr>
</table>

②仓库记账后转财务科

凭证 74-1

山东省增值税专用发票

3113023167　　　　2013 年 12 月 17 日　　　　No.0657890

购货单位	名　　称：沈阳新科设备有限公司 纳税人识别号：210103240946666 地 址 、电 话：沈阳市沈河区 85 号　24142255 开户行及账号：工行沈河分理处　330244567-5656					密码区	
货物或应税劳务名称	规格型号	单位	数量	单价	金额	税率	税额
车床		台	2	80 000.00	160 000.00	17%	27 200.00
价税合计(大写)壹拾捌万柒仟贰佰元整　　(小写)￥187 200.00							
销货单位	名　　称：青岛镀膜公司 纳税人识别号：4567777722338 地 址 、电 话：青岛 3 号街 54 号　7756789 开户行及账号：工行 3 号街分理处　90909-24680					备注	

收款人：　　　　复核：　　　　开票人：王明　　　　销货单位：(章)

凭证 74-2

债务重组报告

青岛镀膜公司以 2 台车床抵付所欠我公司的货款人民币 187200 元。

同意

董事会

法定代表人：科张印新

2013 年 12 月 20 日

凭证 74-3

固定资产移交单

年　　月　　日

固定资产名称		建成时间	
变动原因		移交使用时间	
已提折旧		原值	
领导意见		主管部门意见	

审核：　　　　制表：

凭证 75-1

存款利息通知书

2013 年 12 月 20 日

户名	沈阳新科设备有限公司			
账号	330244567-5656			
起息日	止息日	利率	基数	利息
11 月 20 日	12 月 20 日	2.56‰	8659078.54	173.90
利息金额	人民币（大写）壹佰柒拾叁元玖角整			¥173.90
备注				

工行沈河分理处

转讫

凭证 76-1

中国工商银行

转账支票存根（辽）

Ⅻ 52226093

附加信息：

出票日期：　年　月　日

收款人：

金　额：

用　途：

单位主管：　　会计：

ICBC 中国工商银行转账支票（辽）　　Ⅻ 52226093

出票日期（大写）　年　月　日

收 款 人：　　　　开户银行名称：

签发人账号：

人民币（大写）	百	十	万	千	百	十	元	角	分

用途：

上列款项请从我账户内支付。

沈阳新科设备有限公司 财务专用章

张新科印

出票人签章：　　复核：　　记账：

凭证 77-1

周转材料领用单

年　月　日　　No. 0036578

领用部门	周转材料名称	规格	单位	数量	单价	金额								
						百	十	万	千	百	十	元	角	分
合计														

仓库负责人：　　入库经手人：　　记账：

凭证 78-1

辽宁省沈阳市广告业专用发票

户名：沈阳新科设备有限公司　　2013 年 12 月 20 日　　地税(2007)第 6 版(5)

项目	单位	数量	单价	金额						
				万	千	百	十	元	角	分
产品广告	板	1	6000.00		6	0	0	0	0	0
金额合计(大写)陆仟元整				¥	6	0	0	0	0	0

(印章：全国统一发票监制章 辽宁 国家税务总局监制；沈阳市电视传媒有限公司 210103344422166 发票专用章)

凭证 78-2

沈阳圣达税务师事务所有限公司收费专用发票

No. 2300933

交款单位：沈阳新科设备有限公司　　2013 年 12 月 20 日　　沈地税(2007)第 2 版

收费项目	收费标准	次数	金额							
			十	万	千	百	十	元	角	分
税务代理费					3	0	0	0	0	0
合计金额(大写)叁仟元整				¥	3	0	0	0	0	0

开票人：李玖　　记账：　　交款人：王奇

(印章：全国统一发票监制章 辽宁 发票联 国家税务总局监制；沈阳圣达税务师事务所有限公司 21012645422166 发票专用章)

凭证 78-3

中国工商银行
转账支票存根(辽)
Ⅻ 52226094

附加信息：

出票日期：　年　月　日

收款人：

金　额：

用　途：

单位主管：　　会计：

ICBC 中国工商银行转账支票(辽)　　Ⅻ 52226094

出票日期(大写)　　年　月　日

开户银行名称：

收 款 人：　　签发人账号：

人民币(大写)	百	十	万	千	百	十	元	角	分

用途：

上列款项请从我账户内支付。

出票人签章：(张新科印)　　复核：　　记账：

(印章：沈阳新科设备有限公司 财务专用章)

凭证 78-4

中国工商银行 转账支票存根(辽) XII 52226095 附加信息： 出票日期：　年　月　日 收款人： 金　额： 用　途： 单位主管：　会计：	ICBC 中国工商银行转账支票(辽)　XII 52226095 出票日期(大写)　年　月　日 开户银行名称： 收 款 人：　签发人账号： 人民币(大写)　百 十 万 千 百 十 元 角 分 用途： 上列款项请从我账户内支付。 沈阳新科设备有限公司 财务专用章 出票人签章：张新科印　复核：　记账：

凭证 79-1

收 款 收 据(第三联)

年　月　日

交款单位		金额								
		百	十	万	千	百	十	元	角	分
人民币(大写)										
收款事由										
上记款项照数收讫无误										

沈阳新科设备有限公司 财务专用章

财务负责人：　经手人：丁一　出纳：　记账：

此据只作为内部收款凭证，不得倒替发货票使用。

三联必须一次复写填制，不得涂改

凭证 79-2

中国工商银行　现金存款凭条

日期：

<table>
<tr><td rowspan="3">存款人</td><td>全　　称</td><td colspan="11"></td></tr>
<tr><td>账　　号</td><td colspan="3"></td><td colspan="8">款项来源</td></tr>
<tr><td>开户银行</td><td colspan="3"></td><td colspan="8">交款人</td></tr>
<tr><td colspan="3" rowspan="2">金额(大写)</td><td rowspan="2">金额(小写)</td><td>十</td><td>万</td><td>千</td><td>百</td><td>十</td><td>元</td><td>角</td><td>分</td></tr>
<tr><td></td><td></td><td></td><td></td><td></td><td></td><td></td><td></td></tr>
</table>

票面	张数	金额	票面	张数	金额	备注：
壹百元			伍角			
伍拾元			贰角			
贰拾元			壹角			
壹拾元			伍分			
伍元			贰分			
贰元			壹分			
壹元			其他			

工行沈河分理处
收讫

凭证 80-1

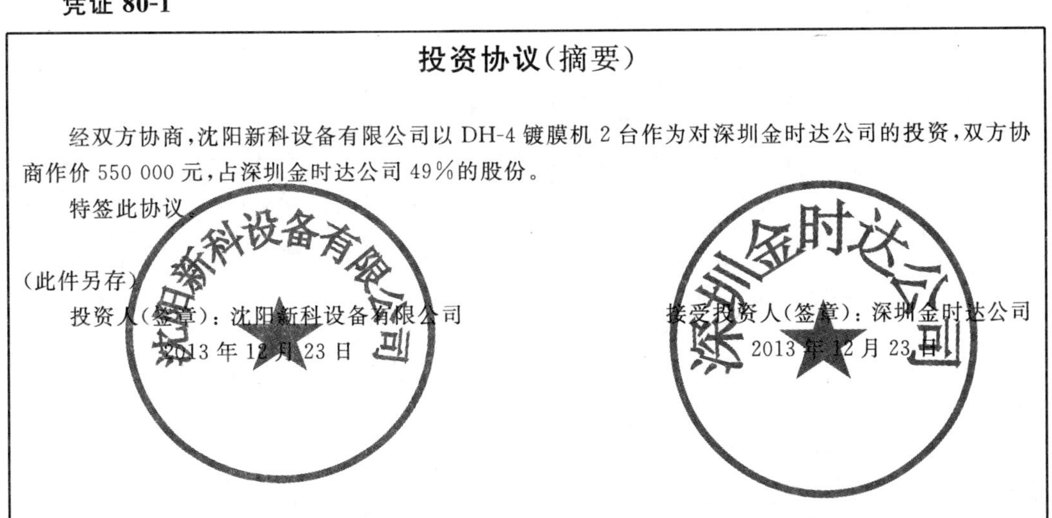

投资协议(摘要)

经双方协商，沈阳新科设备有限公司以 DH-4 镀膜机 2 台作为对深圳金时达公司的投资，双方协商作价 550 000 元，占深圳金时达公司 49%的股份。

特签此协议。

(此件另存)

投资人(签章)：沈阳新科设备有限公司　　接受投资人(签章)：深圳金时达公司

2013 年 12 月 23 日　　2013 年 12 月 23 日

凭证 80-2

辽宁省增值税专用发票

2100023140 年 月 日 No.01065655

购货单位	名　　称： 纳税人识别号： 地 址 、电 话： 开户行及账号：					密码区	
货物或应税劳务名称	规格型号	单位	数量	单 价	金 额	税率	税　额
价税合计(大写)			(小写)¥				
销货单位	名　　称：沈阳新科设备有限公司 纳税人识别号：210103240946666 地 址 、电 话：沈阳市沈河区 85 号　24142255 开户行及账号：工行沈河分理处　330244567-5656					备注	

收款人：　　　复核：　　　开票人：丁一　　　销货单位：(章)

凭证 80-3

产品出库单

年　月　日　　No.034571

产品名称	规格	单位	数量	单位成本	金额								
					百	十	万	千	百	十	元	角	分
合计													

负责人：　　　仓库负责人：　　　经手人：

凭证 81-1

捐赠资产交接单

单位：元

2013 年 12 月 23 日

编号：

资产名称	规格	单位	数量	预计使用年限	已使用年限	发票价格或重置价值	已提折旧	净值	备注
电控车床	AT-1 型	台	1	10	2	160 000		50 000	
经手人：	郭昊 郭昊			被捐赠人	沈阳新科设备有限公司 财务专用章 经办人：李晓海				

凭证 81-2

固定资产移交清理单

年　月　日

固定资产名称		建成时间	
原因		交付使用时间	
已提折旧		原值	
领导意见		主管部门意见	

制表：　　　　　　　　　　验收：

凭证 82-1

	成交过户交割凭单		
股东编号： 电脑编号： 公司代号：	A129 626 400(存) 548167 975	成交证券： 成交数量： 成交价格：	国库券 200 手 1.00
申请编号： 申报时间： 成交时间：	678 11：23：54 11：45：34	成交金额： 标准佣金： 过户费用：	200 000.00 0.00
上次余额： 本次成交： 本次余额： 本次库存：	0 200 000(股) 0(股) 0(股)	债券年利率 应付金额 债券利息支付方式	0.00 200 000.00 每年一次

沈阳证券公司 1010224 发票专用章

经办单位：沈阳证券公司　　　　　　客户签章：李想好

凭证 83-1

股东会决议

本公司 2013 年上半年利润分配方案：

经股东会表决通过，本公司 2013 年上半年的利润分配方案，共派发利润 800 000 元。

沈阳新科设备有限公司股东会

2013 年 12 月 24 日

凭证 84-1

沈阳市国家税务局(分局)

催缴税款(滞纳金、罚款)通知书

(11)国税字 38 号

沈阳新科设备有限公司：

根据税法有关规定，你单位应交增值税款额 9 800 元，滞纳金 1960 元，罚款 9 800 元，合计 21 560 元。务于 2013 年 12 月 30 日之前到国税局沈河分局缴清。

特此通知。

沈阳市国税局沈河分局

二〇一三年十二月二十四日

抄送：沈阳市沈河区人民法院

凭证 84-2

沈阳市国税局(分局)

税款滞纳金、罚金专用缴款书

隶属关系：机械局

经济类型：　　　　　　　　　填发日期：2013 年 12 月 24 日

缴款单位(人)	全　　称	沈阳新科设备有限公司	收入机关	沈阳市沈河国税局
	账　　号	330244567-5656	预算级次	市　级
	开户银行	工商银行沈河分理处	收款国库	沈河金库
税款所属时期 2013 年 8 月			税款限缴时期 2013 年 12 月 30 日	

税种	应纳税款	逾期天数	加收‰	罚款倍数	入库税款									
					千	百	十	万	千	百	十	元	角	分
增值税	9 800	100	2	1				2	1	5	6	0	0	0
合计金额(大写)贰万壹仟伍佰陆拾元整							¥	2	1	5	6	0	0	0
缴款单位 盖章		税务机关 盖章		上列款项已照收妥并划转收款单位账户 盖章										

沈阳新科设备有限公司

沈阳市国家税务局沈河分局 业务专用章

工行沈河分理处 转讫

凭证 85-1

债务重组决议书

经表决通过：

同意将沈阳市东方集团所欠货款 234 000 元，减少为 200 000 元。

特此批准。

沈阳新科设备有限公司

董事会

2013 年 12 月 24 日

凭证 86-1

财产物资盘盈盘亏报告单

年　月　日

类别	财产名称规格	单位	单价	账面数量	实物数量	盘盈		盘亏		盘亏原因
						数量	金额	数量	金额	
合计										

财务：　　审批：　　主管：　　保管使用：　　制单：

凭证 87-1

财产物资盘盈盘亏报告单

年　月　日

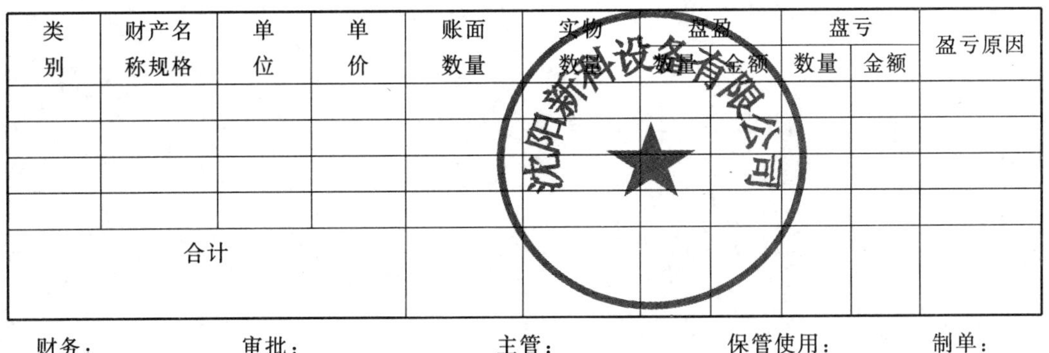

类别	财产名称规格	单位	单价	账面数量	实物数量	盘盈		盘亏		盘亏原因
						数量	金额	数量	金额	
合计										

财务：　　审批：　　主管：　　保管使用：　　制单：

凭证 88-1

中国工商银行特种转账支票(回单或收账通知)

2013 年 12 月 28 日

收款单位	全　称	沈阳新科设备有限公司	付款单位	全　称	上海证券交易所
	账号或地址	330244567-5656		账号或地址	6698352144
	开户银行	工商银行沈河分理处		开户银行	上海工商银行沈河分理处

金额	人民币(大写)：肆佰玖拾玖万元整	千	百	十	万	千	百	十	元	角	分
		¥	4	9	9	0	0	0	0	0	0

票据种类		注：收回股利款 收款人开户行签章
票据张类		
单位主管：　会计： 复核：　记账：		

工行沈河分理处
转讫

凭证 89-1

辽宁省沈阳市商业零售统一发票

发票联

No.0447889

2013 年 12 月 29 日　　　　沈地税(2007 第 116 号 4)

货　号	品名及规格	单位	数量	单价	金　额								
					百	十	万	千	百	十	元	角	分
333	苹果	千克	60	6					3	6	0	0	0
411	鱼	千克					5	6	1	9	0	0	0
合计金额(大写)伍万陆仟伍佰伍拾元整						¥	5	6	5	5	0	0	0
结算方式	转支		开户银行及账号										

收款单位(盖章有效)：　　　　收款人：贾海　　　　开票人：李小四

凭证 89-2

中国工商银行转账支票存根(辽)	ICBC 中国工商银行转账支票(辽)
ⅫⅠ 52226096	ⅫⅠ 52226096
附加信息：	出票日期(大写)　年　月　日
	开户银行名称：
	收　款　人：　签发人账号：
出票日期：　年　月　日	人民币(大写)　百 十 万 千 百 十 元 角 分
收款人：	用途：
金　额：	上列款项请从我账户内支付。
用　途：	
单位主管：　会计：	出票人签章：张新科印　复核：　记账：

凭证 90-1

借款凭证第四联(回单)

单位编号：　　　　　　　　日期：2013 年 12 月 30 日　　　　　　　　银行编号：

<table>
<tr><td rowspan="3">借款人</td><td>全　　称</td><td colspan="3">中国工商银行</td><td rowspan="3">收款人</td><td colspan="2">全　　称</td><td colspan="8">沈阳新科设备有限公司</td></tr>
<tr><td>账　　号</td><td colspan="3">345311-139</td><td colspan="2">账　　号</td><td colspan="8">330244567-5656</td></tr>
<tr><td>开户银行</td><td colspan="3">沈阳开发区支行</td><td colspan="2">开户银行</td><td colspan="8">中国工商银行沈河分理处</td></tr>
<tr><td colspan="3">借款期限(最后还款日)</td><td colspan="2">2 年</td><td colspan="3">催款计划指标</td><td colspan="8"></td></tr>
<tr><td rowspan="2" colspan="2">借款申请金额</td><td rowspan="2" colspan="3">人民币(大写)壹佰万元整</td><td>千</td><td>百</td><td>十</td><td>万</td><td>千</td><td>百</td><td>十</td><td>元</td><td>角</td><td>分</td></tr>
<tr><td>¥</td><td>1</td><td>0</td><td>0</td><td>0</td><td>0</td><td>0</td><td>0</td><td>0</td><td>0</td></tr>
<tr><td>期限</td><td>计划还款日期</td><td>√</td><td colspan="2">计划还款金额</td><td rowspan="3">分次还款记录</td><td colspan="10" rowspan="3">工行沈河分理处
转讫</td></tr>
<tr><td>1</td><td></td><td></td><td colspan="2"></td></tr>
<tr><td>2</td><td></td><td></td><td colspan="2"></td></tr>
<tr><td colspan="3">备注：利率 6.4%</td><td colspan="13"></td></tr>
</table>

凭证 91-1

辽宁省增值税专用发票

3113023167　　　　　　2013 年 12 月 25 日　　　　　　№.0657890

（印章：全国统一发票监制章 辽宁 国家税务总局监制）

<table>
<tr><td>购货单位</td><td colspan="5">名　　　称：沈阳新科设备有限公司
纳税人识别号：210103240946666
地 址 、电 话：沈阳市沈河区 85 号　24142255
开户行及账号：工行沈河分理处　330244567-5656</td><td>密码区</td><td></td></tr>
<tr><td>货物或应税劳务名称</td><td>规格型号</td><td>单位</td><td>数量</td><td>单 价</td><td>金 额</td><td>税率</td><td>税　额</td></tr>
<tr><td>电费</td><td></td><td>千瓦</td><td>132 000</td><td>0.58</td><td>76 560</td><td>17%</td><td>13 015.20</td></tr>
<tr><td colspan="8">价税合计(大写)捌万玖仟伍佰柒拾伍元贰角整　　　(小写)¥89 575.20</td></tr>
<tr><td>销货单位</td><td colspan="5">名　　　称：沈阳电力公司
纳税人识别号：4567888865544
地 址 、电 话：沈阳市沈河区 112 号　2346789
开户行及账号：工行沈河分理处　95555-24680</td><td colspan="2">备注　（印章：沈阳电力公司 4567888865544 发票专用章）</td></tr>
</table>

收款人：　　　　　　复核：　　　　　　开票人：高达　　　　　　销货单位：(章)

凭证 91-2

委托收款凭证(付款通知)　　委托号码：11504

委托日期：2013 年 12 月 25 日　辽财专字(2011)№.00050341

付款人	全　称	沈阳新科设备有限公司		收款人	全　称	沈阳市电力公司
	账　号	330244567-5656			账　号	1457332611
	开户银行	工商银行沈河分理处			开户银行	商行联汇支行
人民币(大写)	捌万玖仟伍佰柒拾伍元贰角整				￥89 575.20	
款项内容	人数	单位缴纳	个人缴纳	滞纳金	附寄单证张数	
电费		89 575.20				

工行沈河分理处
转讫

凭证 91-3

电费分配表

年　月　日

部　门	用电瓦数	分配率	分配金额
基本生产车间			
动力车间			
管理部门			
运输部门			
合计			

审核：　　　　制表：

凭证 92-1

辽 宁 省 增 值 税 专 用 发 票

31130233222　　2013 年 12 月 25 日　　№.0658765

全国统一发票监制章 辽宁 国家税务总局监制

购货单位	名　称：沈阳新科设备有限公司 纳税人识别号：210103240946666 地 址 、电 话：沈阳市沈河区 85 号　24142255 开户行及账号：工行沈河分理处　330244567-5656					密码区	
货物或应税劳务名称	规格型号	单位	数量	单价	金 额	税率	税额
水费		吨	9 040	2.50	22 600.00	13%	2 938.00
价税合计(大写)贰万伍仟伍佰叁拾捌元整　(小写)￥25 538.00							
销货单位	名　称：沈阳水务公司 纳税人识别号：4567996644545 地 址 、电 话：沈阳市沈河区 102 号　2432229 开户行及账号：工行沈河分理处　95544-24677				备注	沈阳水务公司 4567996644545 发票专用章	

收款人：　　复核：　　开票人：高达　　销货单位：(章)

凭证 92-2

水费分配表

年 月 日

部 门	用水数	分配率	分配金额
基本生产车间			
动力车间			
管理部门			
运输部门			
合计			

审核： 制表：

凭证 92-3

委托收款凭证(付款通知)

委托号码：11505

委托日期：2013 年 12 月 30 日 辽财专字(2011)№.00050342

付款人	全 称	沈阳新科设备有限公司	收款人	全 称	沈阳市水务局
	账 号	330244567-5656		账 号	1457333544
	开户银行	工商银行沈河分理处		开户银行	商行联汇支行
人民币(大写)	贰万伍仟伍佰叁拾捌元整			¥25 538.00	

款项内容	人数	单位缴纳	个人缴纳	滞纳金	附寄单证张数
水费		25 538.00			

工行沈河分理处
转讫

凭证 93-1

工资分配汇总表

2013 年 12 月 30 日

部门		人数	工资
基本生产车间	生产工人	88	79 860.00
	管理人员	24	4 562.00
	合计	112	84 422.00
动力车间		13	5 860.00
运输部门		12	5 400.00
管理部门		38	29 318.00
合 计		175	125 000.00

凭证 93-2

生产工人工资分配表

年　月　日

受益对象	工　时	分配率	分配额
DH-3	15 840		
DH-4(1105 号)	13 290		
DH-4(1219 号)	3 600		
DH-5	13 580		
DH-6	4 090		
合计	50 400		

审核：　　　　　　　　　　制表：

凭证 94-1

工资附加费计算表

年　月　日

金额 项目 / 部门		工资基数	工会经费	教育经费	住房公积金		社会保险		合计	
					企业负担	个人负担	企业负担	个人负担	企业负担	个人负担
基本生产车间	生产工人									
	管理人员									
	合　计									
动力车间										
运输部门										
管理部门										
合　计										

审核：　　　　　　　　　　制表：

凭证 94-2

生产员工工资附加费计算表

年 月 日

项目 金额 产品	工资基数	工会经费	教育经费	住房公积金		社会保险		合计	
				企业负担	个人负担	企业负担	个人负担	企业负担	个人负担
DH-3									
DH-4(1105)									
DH-4(1219)									
DH-5									
DH-6									
合 计									

审核： 制表：

凭证 95-1

材料成本差异率计算表

年 月 日

材料类别	月初结存差异	本月收料差异	月初结存计划成本	本月收料计划成本	成本差异率
不锈钢板 14mm					
不锈钢板 30mm					
不锈钢管 25mm					
不锈钢管 70mm					
铝板 26mm					
铝管 30mm					
减压器					
真空泵					
原煤					
电镀件					
控制仪					
木材					
劳保用品					

凭证 95-2

发料凭证汇总表

年　月

用途 材料		DH-4 (1219)	DH-4 (1105)	DH-5	DH-6	动力车间	运输部门	管理部门	销售部门	生产车间	销售业务成本	差异合计
不锈钢板 14mm	计划成本											
	成本差异											
不锈钢板 30mm	计划成本											
	成本差异											
不锈钢管 25mm	计划成本											
	成本差异											
铝管 30mm	计划成本											
	成本差异											
铝板 26mm	计划成本											
	成本差异											
减压器	计划成本											
	成本差异											
真空泵	计划成本											
	成本差异											
原煤	计划成本											
	成本差异											
控制仪	计划成本											
	成本差异											
木材	计划成本											
	成本差异											
劳保用品	计划成本											
	成本差异											
电镀件	计划成本											
	成本差异											
差异合计												

审核：　　　　　　　　　　　　制表：

凭证 96-1

无形资产摊销表

年　月　日

无形资产名称	无形资产原值	摊销比率	本月摊销额	累计摊销额	摊余价值
合　　计					

审核：　　　　　　　　　　　　制表：

凭证 97-1

盘亏材料处理决定书

盘亏 30mm 不锈钢板系保管员监守自盗，综合服务办公室决定除由保管员赔偿外，并处以钢材价格一倍的罚款，调离保管员岗位。

特此批准。

辽宁新科设备有限公司

董事会

2013 年 12 月 30 日

凭证 98-1

固定资产折旧计算表

年　月　　　　　　　　　　单位：元

使用部门	类别	原值	月折旧率	12 月原值变动		12 月计提额
				增加	减少	
基本生产车间	房屋建筑物					
	机器设备					
	其他					
	小计					
动力车间	房屋建筑物					
	机器设备					
	其他					
	小计					
运输部门	房屋建筑物					
	运输设备					
	其他					
	小计					
管理部门	房屋建筑物					
	设备					
	其他					
	小计					
合计						

审核：　　　　　　　　　　制表：

凭证 99-1

土地使用税计算表

年　月　日

纳税期限	土地面积	单位税额	应纳税额	已缴税额	实缴税额
合计					

审核：　　　　　　　　　　　　　　　　制表：

凭证 99-2

房产税计算表

年　月　日

纳税期限	使用部门	原值	扣除率	税率	年应纳税额	季度税额	已缴税额	应交税额
第四季度	基本生产车间							
	动力车间							
	运输部门							
	管理部门							
	合计							

审核：　　　　　　　　　　　　　　　　制表：

凭证 100-1

应付利息计算表

年　月　日

贷款银行	借款种类	累计数额	年利率	利息额
合计				

审核：　　　　　　　　　　　　　　　　制表：

凭证 101-1

坏账准备计算表

年　月　日

序号	应收款项期末账面余额	期末可变现净值	计提坏账准备
应收账款			
其他应收款			
预付账款			
合计			

审核：　　　　　　　　　　　　　　　　　　　　制表：

凭证 102-1

长期待摊费分配表

年　月　日

项目	原值	分摊时间(月)	剩余时间(月)	本月摊销额	摊余价值
租入 A 资产改良支出					
合计					

审核：　　　　　　　　　　　　　　　　　　　　制表：

凭证 103-1

交易性金融资产价值变动表

年　月　日

投资项目	持有股数	单位市价	账面价值	市价总额	变动值
合计					

审核：　　　　　　　　　　　　　　　　　　　　制表：

凭证 104-1

辅助生产车间工作量明细表

2013 年 12 月 31 日

项目 / 工作量 / 受益部门	动力车间(千瓦·时)	运输部门(吨·公里)
基本生产车间	420	1 200
管理部门	62	3 662
动力车间		187
运输部门	180	
合　计	662	5 049

审核：　　　　　　　　　　　　　　　　　　　　　制表：

凭证 104-2

辅助生产费用分配表

年　月　日

项　目	交互分配				对外分配			
	分配动力费		分配运输费		分配动力费		分配运输费	
	数量	金额	数量	金额	数量	金额	数量	金额
待分配费用								
供应数量								
分配率								
动力车间								
运输部门								
基本生产车间								
管理部门								
合　计								

审核：　　　　　　　　　　　　　　　　　　　　　制表：

凭证 105-1

制造费用分配表(各产品间)

年　　月　　　　　　　　　　　　No.1058

子目或产品	制造费用	分配标准(工时)	分配率(%)	分配金额(元)
DH-3		15 840		
DH4C1105		13 290		
DH-4C121P		3 600		
DH-5		13 580		
DH-6		4 090		
合计		50 400		

审核：　　　　　　　　　　　　　　　　　　　　　制表：

注：分配率留小数点后 12 位。

凭证 106-1

本月产品生产成本汇总计算单

年　月　日

产品名称	投产数量	直接材料	直接人工	制造费用	本月产品成本
DH-3					
DH-4(1105)					
DH-4(1219)					
DH-5					
DH-6					
合计					

审核：　　　　　　　　　　　　　　　　制表：

凭证 106-2

产品成本分配表(在产品与完工产品)

2013 年 12 月

产品名称	期初在产品成本	本月发生生产成本	耗用总工时	月末在产品工时	已结转成本	月末在产品成本	完工产品总成本	完工产品单位成本
DH-3								
DH-4(1105)								
DH-4(1219)								
DH-5								
DH-6								
合计								

审核：　　　　　　　　　　　　　　　　制表：

凭证 106-3

产　品　入　库　单

交库部门：　　　　年　　月　　日　　　　No.05433

产品名称	产品规格	计量单位	实收数量	单位成本	实际成本
合计					

记账：　　主管：　　保管：　　交库：　　制单：

凭证 107-1

产品销售成本计算表

年　月　日

产品名称	本期销售				
	数量	单位成本	应结转总成本	已结转成本	未结转成本
合计					

审核：　　　　　　　　　　　　　　　　　　制表：

凭证 108-1

营业税计算表

年　月　日

应税项目	营业额	适用税率	应纳税额	已纳税额
转让无形资产收入				
出租固定资产收入				
销售不动产收入				
合　　计				

审核：　　　　　　　　　　　　　　　　　　制表：

凭证 109-1

城建税、教育费附加计提表

年　月　日

计税依据		城市维护建设税		教育费附加		地方教育费附加	
税　　种	金额	税率	税额	费率	费额	费率	费额
应交增值税							
应交营业税							
应交消费税							
合　　计							

审核：　　　　　　　　　　　　　　　　　　制表：

凭证 110-1

沈阳新科设备有限公司内部转账单

年　月　日　　　　　　　　　　　　　转 10561

子目或户名	摘　要	金　额
合　计		

审核：　　　　　　　　　　　　　　　　制表：

注：要求汇总计算填列。

凭证 110-2

沈阳新科设备有限公司内部转账单

年　月　日　　　　　　　　　　　　　转 10562

子目或户名	摘　要	金　额
合　计		

审核：　　　　　　　　　　　　　　　　制表：

注：要求汇总计算填列。

凭证 111-1

所得税计算表

2013 年 12 月 31 日

项　目	金　额
税前会计利润	
加或减：应纳税调整额	
应税所得	
所得税税率	
本期应交所得税	
本期所得税费用	

审核：　　　　　　　　　　　　　　　　制表：

凭证 112-1

沈阳新科设备有限公司内部转账单

年　月　日　　　　转 10563

子目或户名	摘　　要	金　　额
合　　计		

审核：　　　　制表：

凭证 113-1

公司内部转账单

年　月　日　　　　转 10564

子目或户名	计算并结转该年净利润	金　　额
净利	本年净利润	
合　　计		

审核：　　　　制表：

凭证 114-1

利润分配计算表

年　月　日

利润分配项目	分配基数	分配比例	分配额
提取法定盈余公积			
提取任意盈余公积			
合　计			

审核：　　　　制表：

凭证 115-1

公司内部转账单

转账 2013 年 12 月 31 日　　　　转 10566

项目	子　　目	金　　额
年终利润分配结转	提取法定盈余公积	
	提取任意盈余公积	
	应付现金股利或利润	
合　计		

审核：　　　　制表：

注：该表要求计算填列。

3.3 企业会计报表及纳税申报表资料

企业会计报表见表 3-1～表 3-5；纳税申报相关表格见表 3-6～表 3-23。

表 3-1 利润表（一）

2013 年度

会企 02 表

编制单位：　　　　单位：元

项　　目	附注	本年金额	上年金额
一、营业收入			
减：营业成本			
营业税金及附加			
销售费用			
管理费用			
财务费用			
资产减值损失			
加：公允价值变动收益（损失以"－"号填列）			
投资收益（损失以"－"号填列）			
其中：对联营企业和合营企业的投资收益			
二、营业利润（亏损以"－"号填列）			
加：营业外收入			
减：营业外支出			
其中：非流动资产处置损失			
三、利润总额（亏损总额以"－"号填列）			
减：所得税费用			
四、净利润（净亏损以"－"号填列）			
五、每股收益：			
（一）基本每股收益			
（二）稀释每股收益			
六、其他综合收益			
七、综合收益总额			

本期发生同一控制下企业合并的，被合并方在合并前实现的净利润为：____________元。

法定代表人：　　　　主管会计工作负责人：　　　　会计机构负责人：

表 3-2 利润表（二）

2013 年 12 月

会企 02 表

编制单位：　　　　单位：元

项　　目	附注	本年金额	上年同期金额
一、营业收入			
减：营业成本			
营业税金及附加			
销售费用			
管理费用			
财务费用			
资产减值损失			

续表

项　　目	附注	本年金额	上年同期金额
加：公允价值变动收益(损失以“－”号填列)			
投资收益(损失以“－”号填列)			
其中：对联营企业和合营企业的投资收益			
二、营业利润(亏损以“－”号填列)			
加：营业外收入			
减：营业外支出			
其中：非流动资产处置损失			
三、利润总额(亏损总额以“－”号填列)			
减：所得税费用			
四、净利润(净亏损以“－”号填列)			
五、每股收益：			
(一) 基本每股收益			
(二) 稀释每股收益			
六、其他综合收益			
七、综合收益总额			

本期发生同一控制下企业合并的，被合并方在合并前实现的净利润为：____________元。

法定代表人：　　　　　　主管会计工作负责人：　　　　　　会计机构负责人：

表 3-3　资产负债表(一)

2013 年 12 月 31 日

会企 01 表

单位：元

编制单位：

资　　产	附注	月末余额	月初余额	负债和所有者权益(或股东权益)	附注	月末余额	月初余额
流动资产：				流动负债：			
货币资金				短期借款			
交易性金融资产				交易性金融负债			
应收票据				应付票据			
应收账款				应付账款			
预付款项				预收款项			
应收利息				应付职工薪酬			
应收股利				应交税费			
其他应收款				应付利息			
存货				应付股利			
一年内到期的非流动资产				其他应付款			
其他流动资产				一年内到期的非流动负债			
流动资产合计				其他流动负债			
非流动资产：				流动负债合计			
可供出售金融资产				非流动负债：			
持有至到期投资				长期借款			
长期应收款				应付债券			
长期股权投资				长期应付款			

续表

资　　产	附注	月末余额	月初余额	负债和所有者权益（或股东权益）	附注	月末余额	月初余额
投资性房地产				专项应付款			
固定资产				预计负债			
在建工程				递延所得税负债			
工程物资				其他非流动负债			
固定资产清理				非流动负债合计			
生产性生物资产				负债合计			
油气资产				所有者权益(或股东权益)：			
无形资产				实收资本(或股本)			
开发支出				资本公积			
商誉				减:库存股			
长期待摊费用				专项储备			
递延所得税资产				盈余公积			
其他非流动资产				未分配利润			
非流动资产合计				外币报表折算差额			
				所有者权益(或股东权益)合计			
资产总计				负债和所有者权益(或股东权益)总计			

法定代表人：　　　　主管会计工作负责人：　　　　会计机构负责人：

表 3-4　资产负债表(二)

2013 年 12 月 31 日　　　　会企 01 表

编制单位：　　　　单位:元

资　　产	附注	年末余额	年初余额	负债和所有者权益（或股东权益）	附注	年末余额	年初余额
流动资产：				流动负债：			
货币资金				短期借款			
交易性金融资产				交易性金融负债			
应收票据				应付票据			
应收账款				应付账款			
预付款项				预收款项			
应收利息				应付职工薪酬			
应收股利				应交税费			
其他应收款				应付利息			
存货				应付股利			
一年内到期的非流动资产				其他应付款			
其他流动资产				一年内到期的非流动负债			

续表

资　　产	附注	年末余额	年初余额	负债和所有者权益（或股东权益）	附注	年末余额	年初余额
流动资产合计				其他流动负债			
非流动资产：				流动负债合计			
可供出售金融资产				非流动负债：			
持有至到期投资				长期借款			
长期应收款				应付债券			
长期股权投资				长期应付款			
投资性房地产				专项应付款			
固定资产				预计负债			
在建工程				递延所得税负债			
工程物资				其他非流动负债			
固定资产清理				非流动负债合计			
生产性生物资产				负债合计			
油气资产				所有者权益（或股东权益）：			
无形资产				实收资本（或股本）			
开发支出				资本公积			
商誉				减：库存股			
长期待摊费用				专项储备			
递延所得税资产				盈余公积			
其他非流动资产				未分配利润			
非流动资产合计				外币报表折算差额			
				所有者权益（或股东权益）合计			
资产总计				负债和所有者权益（或股东权益）总计			

法定代表人：　　　　　　　　主管会计工作负责人：　　　　　会计机构负责人：

表 3-5　现金流量表

2013 年度

会企 03 表

编制单位：　　　　　　　　　　　　　　　　　　　　　　　　　　　　单位：元

项　　目	附注	本期金额	上期金额
一、经营活动产生的现金流量			
销售商品、提供劳务收到的现金			
收到的税费返还			
收到其他与经营活动有关的现金			
经营活动现金流入小计			
购买商品、接受劳务支付的现金			

续表

项　　目	附注	本期金额	上期金额
支付给职工以及为职工支付的现金			
支付的各项税费			
支付其他与经营活动有关的现金			
经营活动现金流出小计			
经营活动产生的现金流量净额			
二、投资活动产生的现金流量：			
收回投资收到的现金			
取得投资收益收到的现金			
处置固定资产、无形资产和其他长期资产收回的现金净额			
处置子公司及其他营业单位收到的现金净额			
收到其他与投资活动有关的现金			
投资活动现金流入小计			
购建固定资产、无形资产和其他长期资产支付的现金			
投资支付的现金			
取得子公司及其他营业单位支付的现金净额			
支付其他与投资活动有关的现金			
投资活动现金流出小计			
投资活动产生的现金流量净额			
三、筹资活动产生的现金流量：			
吸收投资收到的现金			
取得借款收到的现金			
收到其他与筹资活动有关的现金			
筹资活动现金流入小计			
偿还债务支付的现金			
分配股利、利润或偿付利息支付的现金			
支付其他与筹资活动有关的现金			
筹资活动现金流出小计			
筹资活动产生的现金流量净额			
四、汇率变动对现金及现金等价物的影响			
五、现金及现金等价物净增加额			
加：期初现金及现金等价物余额			
六、期末现金及现金等价物余额			

法定代表人：　　　　主管会计工作负责人：　　　　会计机构负责人：

表 3-6　增值税纳税申报表

（一般纳税人适用）

根据国家税收法律法规及增值税相关规定制定本表。纳税人不论有无销售额，均应按税务机关核定的纳税期限填写本表，并向当地税务机关申报。

税款所属时间：自　年　月　日至　年　月　日　　　填表日期：　年　月　日　　　金额单位：元至角分

纳税人识别号				所属行业：		
纳税人名称	（公章）	法定代表人姓名		注册地址	生产经营地址	
开户银行及账号		登记注册类型			电话号码	

	项　目	栏　次	一般货物、劳务和应税服务		即征即退货物、劳务和应税服务	
			本月数	本年累计	本月数	本年累计
销售额	（一）按适用税率计税销售额	1				
	其中：应税货物销售额	2				
	应税劳务销售额	3				
	纳税检查调整的销售额	4				
	（二）按简易办法计税销售额	5				
	其中：纳税检查调整的销售额	6				
	（三）免、抵、退办法出口销售额	7			—	—
	（四）免税销售额	8			—	—
	其中：免税货物销售额	9			—	—
	免税劳务销售额	10			—	—
税款计算	销项税额	11				
	进项税额	12				
	上期留抵税额	13				—
	进项税额转出	14				
	免、抵、退应退税额	15			—	—
	按适用税率计算的纳税检查应补缴税额	16			—	—
	应抵扣税额合计	17=12+13-14-15+16		—		—
	实际抵扣税额	18(如 17<11，则为 17，否则为 11)				
	应纳税额	19=11-18				

续表

项目		栏次	一般货物、劳务和应税服务		即征即退货物、劳务和应税服务	
			本月数	本年累计	本月数	本年累计
税款计算	期末留抵税额	20=17−18				—
	简易计税办法计算的应纳税额	21				
	按简易计税办法计算的纳税检查应补缴税额	22			—	—
	应纳税额减征额	23				
	应纳税额合计	24=19+21−23				
税款缴纳	期初未缴税额(多缴为负数)	25				
	实收出口开具专用缴款书退税额	26			—	—
	本期已缴税额	27=28+29+30+31				
	① 分次预缴税额	28		—		—
	② 出口开具专用缴款书预缴税额	29		—	—	—
	③ 本期缴纳上期应纳税额	30				
	④ 本期缴纳欠缴税额	31				
	期末未缴税额(多缴为负数)	32=24+25+26−27				
	其中:欠缴税额(≥0)	33=25+26−27		—		—
	本期应补(退)税额	34=24−28−29		—		—
	即征即退实际退税额	35	—	—		
	期初未缴查补税额	36			—	—
	本期入库查补税额	37			—	—
	期末未缴查补税额	38=16+22+36−37			—	—

授权声明	如果你已委托代理人申报,请填写下列资料: 为代理一切税务事宜,现授权 (地址)　　　　为本纳税人的代理申报人,任何与本申报表有关的往来文件,都可寄予此人。 授权人签字:	申报人声明	本纳税申报表是根据国家税收法律法规及相关规定填报的,我确定它是真实的、可靠的、完整的。 声明人签字:

主管税务机关:　　　　接收人:　　　　接收日期:

表 3-7　增值税纳税申报表附列资料(一)

(本期销售情况明细)

税款所属时间：　年　月　日至　年　月　日

纳税人名称：(公章)　　　　　　　　　　　　　　　　　　　　金额单位:元至角分

项目及栏次				开具税控增值税专用发票		开具其他发票		未开具发票		纳税检查调整		合计			应税服务扣除项目本期实际扣除金额	扣除后	
				销售额	销项(应纳)税额	销售额	销项(应纳)税额	销售额	销项(应纳)税额	销售额	销项(应纳)税额	销售额	销项(应纳)税额	价税合计		含税(免税)销售额	销项(应纳)税额
				1	2	3	4	5	6	7	8	9=1+3+5+7	10=2+4+6+8	11=9+10	12	13=11−12	14=13÷(100%+税率或征收率)×税率或征收率
一、一般计税方法计税	全部征税项目	17%税率的货物及加工修理修配劳务	1											—	—	—	—
		17%税率的有形动产租赁服务	2														
		13%税率	3											—	—	—	—
		11%税率	4														
		6%税率	5														
	其中：即征即退项目	即征即退货物及加工修理修配劳务	6	—	—	—	—	—	—	—	—			—	—	—	—
		即征即退应税服务	7	—	—	—	—	—	—	—	—						

续表

项目及栏次				开具税控增值税专用发票		开具其他发票		未开具发票		纳税检查调整		合计			应税服务扣除项目本期实际扣除金额	扣除后	
				销售额	销项（应纳）税额	销售额	销项（应纳）税额	销售额	销项（应纳）税额	销售额	销项（应纳）税额	销售额	销项（应纳）税额	价税合计		含税（免税）销售额	销项（应纳）税额
				1	2	3	4	5	6	7	8	9＝1＋3＋5＋7	10＝2＋4＋6＋8	11＝9＋10	12	13＝11－12	14＝13÷（100%＋税率或征收率）×税率或征收率
二、简易计税方法计税	全部征税项目	6%征收率	8							—	—			—	—	—	—
		5%征收率	9							—	—			—	—	—	—
		4%征收率	10							—	—			—	—	—	—
		3%征收率的货物及加工修理修配劳务	11							—	—			—	—	—	—
		3%征收率的应税服务	12							—	—						
		预征率 %	13							—	—						
	其中：即征即退项目	即征即退货物及加工修理修配劳务	14	—	—	—	—	—	—	—	—			—	—	—	—
		即征即退应税服务	15	—	—	—	—	—	—	—	—						
三、免抵退税	货物及加工修理修配劳务		16	—	—		—		—	—	—		—	—	—	—	—
	应税服务		17	—	—		—		—	—	—		—				—
四、免税	货物及加工修理修配劳务		18				—		—	—	—		—	—	—	—	—
	应税服务		19	—	—		—		—	—	—		—				—

表 3-8　增值税纳税申报表附列资料(二)

(本期进项税额明细)

税款所属时间：　年　月　日至　年　月　日

纳税人名称:(公章)　　　　金额单位:元至角分

一、申报抵扣的进项税额				
项　　目	栏次	份数	金额	税额
(一) 认证相符的税控增值税专用发票	1=2+3			
其中:本期认证相符且本期申报抵扣	2			
前期认证相符且本期申报抵扣	3			
(二) 其他扣税凭证	4=5+6+7+8			
其中:海关进口增值税专用缴款书	5			
农产品收购发票或者销售发票	6			
代扣代缴税收缴款凭证	7		—	
运输费用结算单据	8			
	9	—	—	—
	10	—	—	—
(三) 外贸企业进项税额抵扣证明	11	—	—	
当期申报抵扣进项税额合计	12=1+4+11			

二、进项税额转出额		
项　　目	栏次	税　额
本期进项税转出额	13=14 至 23 之和	
其中:免税项目用	14	
非应税项目用、集体福利、个人消费	15	
非正常损失	16	
简易计税方法征税项目用	17	
免抵退税办法不得抵扣的进项税额	18	
纳税检查调减进项税额	19	
红字专用发票通知单注明的进项税额	20	
上期留抵税额抵减欠税	21	
上期留抵税额退税	22	
其他应作进项税额转出的情形	23	

三、待抵扣进项税额				
项　　目	栏次	份数	金额	税额
(一) 认证相符的税控增值税专用发票	24	—	—	—
期初已认证相符但未申报抵扣	25			
本期认证相符且本期未申报抵扣	26			
期末已认证相符但未申报抵扣	27			
其中:按照税法规定不允许抵扣	28			
(二) 其他扣税凭证	29=30 至 33 之和			
其中:海关进口增值税专用缴款书	30			
农产品收购发票或者销售发票	31			
代扣代缴税收缴款凭证	32		—	
运输费用结算单据	33			
	34			

四、其他				
项　　目	栏次	份数	金额	税额
本期认证相符的税控增值税专用发票	35			
代扣代缴税额	36	—	—	

表 3-9　增值税纳税申报表附列资料(三)

(应税服务扣除项目明细)

税款所属时间：　年　月　日至　年　月　日

纳税人名称：(公章)　　　　金额单位：元至角分

项目及栏次	本期应税服务价税合计额(免税销售额)	应税服务扣除项目				
		期初余额	本期发生额	本期应扣除金额	本期实际扣除金额	期末余额
	1	2	3	4=2+3	5(5≤1且5≤4)	6=4-5
17%税率的有形动产租赁服务						
11%税率的应税服务						
6%税率的应税服务						
3%征收率的应税服务						
免抵退税的应税服务						
免税的应税服务						

表 3-10　增值税纳税申报表附列资料(四)

(税额抵减情况表)

税款所属时间：　年　月　日至　年　月　日

纳税人名称：(公章)　　　　金额单位：元至角分

序号	抵减项目	期初余额	本期发生额	本期应抵减税额	本期实际抵减税额	期末余额
		1	2	3=1+2	4≤3	5=3-4
1	增值税税控系统专用设备费及技术维护费					
2	分支机构预征缴纳税款					
3						
4						
5						
6						

表 3-11　中华人民共和国企业所得税年度纳税申报表(A类)

税款所属期间：　　　　年　　月　　日至　　　年　　月　　日

纳税人名称：　　　　　　纳税人识别号：□□□□□□□□□□□□□□□□

纳税人编码：□□□□□□□□□□□□□　　　　　　　　　　金额单位：元(列至角分)

类别	行次	项　　目	金额
利润总额计算	1	一、营业收入(填附表一)	
	2	减：营业成本(填附表二)	
	3	营业税金及附加	
	4	销售费用(填附表二)	
	5	管理费用(填附表二)	
	6	财务费用(填附表二)	
	7	资产减值损失	
	8	加：公允价值变动收益	
	9	投资收益	
	10	二、营业利润	
	11	加：营业外收入(填附表一)	
	12	减：营业外支出(填附表二)	
	13	三、利润总额(10＋11－12)	
应纳税所得额计算	14	加：纳税调整增加额(填附表三)	
	15	减：纳税调整减少额(填附表三)	
	16	其中：不征税收入	
	17	免税收入	
	18	减计收入	
	19	减、免税项目所得	
	20	加计扣除	
	21	抵扣应纳税所得额	
	22	加：境外应税所得弥补境内亏损	
	23	纳税调整后所得(13＋14－15＋22)	
	24	减：弥补以前年度亏损(填附表四)	
	25	应纳税所得额(23－24)	
应纳税额计算	26	税率(25%)	
	27	应纳所得税额(25×26)	
	28	减：减免所得税额(填附表五)	
	29	减：抵免所得税额(填附表五)	
	30	应纳税额(27－28－29)	
	31	加：境外所得应纳所得税额(填附表六)	
	32	减：境外所得抵免所得税额(填附表六)	
	33	实际应纳所得税额(30＋31－32)	
	34	减：本年累计实际已预缴的所得税额	
	35	其中：汇总纳税的总机构分摊预缴的税额	
	36	汇总纳税的总机构财政调库预缴的税额	
	37	汇总纳税的总机构所属分支机构分摊的预缴税额	
	38	合并纳税(母子体制)成员企业就地预缴比例	
	39	合并纳税企业就地预缴的所得税额	
	40	本年应补(退)的所得税额(33－34)	
附列资料	41	以前年度多缴的所得税额在本年抵减额	
	42	以前年度应缴未缴在本年入库所得税额	

纳税人公章： 经办人： 申报日期： 年　月　日	代理申报中介机构公章： 经办人及执业证件号码： 代理申报日期：　　年　　月　　日	主管税务机关受理专用章： 受理人： 受理日期：　年　月　日

表 3-12 企业所得税年度纳税申报表(A类)附表

企业所得税年度纳税申报表附表一(1)

收入明细表

填报时间:年　月　日　　　　金额单位:元(列至角分)

行次	项　　目	金额
1	一、销售(营业)收入合计(2+13)	
2	(一)营业收入合计(3+8)	
3	1. 主营业务收入(4+5+6+7)	
4	(1)销售货物	
5	(2)提供劳务	
6	(3)让渡资产使用权	
7	(4)建造合同	
8	2. 其他业务收入(9+10+11+12)	
9	(1)材料销售收入	
10	(2)代购代销手续费收入	
11	(3)包装物出租收入	
12	(4)其他	
13	(二)视同销售收入(14+15+16)	
14	(1)非货币性交易视同销售收入	
15	(2)货物、财产、劳务视同销售收入	
16	(3)其他视同销售收入	
17	二、营业外收入(18+19+20+21+22+23+24+25+26)	
18	1. 固定资产盘盈	
19	2. 处置固定资产净收益	
20	3. 非货币性资产交易收益	
21	4. 出售无形资产收益	
22	5. 罚款净收入	
23	6. 债务重组收益	
24	7. 政府补助收入	
25	8. 捐赠收入	
26	9. 其他	

经办人(签章):　　　　法定代表人(签章):

表 3-13 企业所得税年度纳税申报表附表二(1)

成本费用明细表

填报时间:　　年　月　日　　　　金额单位:元(列至角分)

行次	项　　目	金额
1	一、销售(营业)成本合计(2+7+12)	
2	(一)主营业务成本(3+4+5+6)	
3	(1)销售货物成本	
4	(2)提供劳务成本	
5	(3)让渡资产使用权成本	
6	(4)建造合同成本	
7	(二)其他业务成本(8+9+10+11)	
8	(1)材料销售成本	

续表

行次	项　　目	金额
9	(2) 代购代销费用	
10	(3) 包装物出租成本	
11	(4) 其他	
12	(三) 视同销售成本(13+14+15)	
13	(1) 非货币性交易视同销售成本	
14	(2) 货物、财产、劳务视同销售成本	
15	(3) 其他视同销售成本	
16	二、营业外支出(17+18+…+24)	
17	1. 固定资产盘亏	
18	2. 处置固定资产净损失	
19	3. 出售无形资产损失	
20	4. 债务重组损失	
21	5. 罚款支出	
22	6. 非常损失	
23	7. 捐赠支出	
24	8. 其他	
25	三、期间费用(26+27+28)	
26	1. 销售(营业)费用	
27	2. 管理费用	
28	3. 财务费用	

经办人(签章)：　　　　　　　　　　法定代表人(签章)：

表 3-14　纳税调整项目明细表

填报时间：　　年　月　日　　　　　　　　　　金额单位：元(列至角分)

	行次	项　　目	账载金额	税收金额	调增金额	调减金额
			1	2	3	4
	1	一、收入类调整项目	*	*		
	2	1.视同销售收入(填写附表一)	*	*		*
#	3	2.接受捐赠收入	*			*
	4	3.不符合税收规定的销售折扣和折让				*
*	5	4.未按权责发生制原则确认的收入				
*	6	5.按权益法核算长期股权投资对初始投资成本调整确认收益	*	*	*	
	7	6.按权益法核算的长期股权投资持有期间的投资损益	*	*		
*	8	7.特殊重组				
*	9	8.一般重组				
*	10	9.公允价值变动净收益(填写附表七)	*	*		
	11	10.确认为递延收益的政府补助				
	12	11.境外应税所得(填写附表六)	*	*	*	
	13	12.不允许扣除的境外投资损失	*	*		*
	14	13.不征税收入(填附表一[3])	*	*	*	
	15	14.免税收入(填附表五)	*	*	*	
	16	15.减计收入(填附表五)	*	*	*	
	17	16.减、免税项目所得(填附表五)	*	*	*	
	18	17.抵扣应纳税所得额(填附表五)	*	*	*	

续表

行次	项目	账载金额	税收金额	调增金额	调减金额
		1	2	3	4
19	18.其他				
20	二、扣除类调整项目	*	*		
21	1.视同销售成本(填写附表二)	*	*	*	
22	2.工资薪金支出				
23	3.职工福利费支出				
24	4.职工教育经费支出				
25	5.工会经费支出				
26	6.业务招待费支出				*
27	7.广告费和业务宣传费支出(填写附表八)	*	*		
28	8.捐赠支出				*
29	9.利息支出				*
30	10.住房公积金				*
31	11.罚金、罚款和被没收财物的损失		*		*
32	12.税收滞纳金		*		*
33	13.赞助支出		*		*
34	14.各类基本社会保障性缴款				
35	15.补充养老保险、补充医疗保险				
36	16.与未实现融资收益相关在当期确认的财务费用				
37	17.与取得收入无关的支出		*		*
38	18.不征税收入用于支出所形成的费用		*		*
39	19.加计扣除(填附表五)	*	*	*	
40	20.其他				
41	三、资产类调整项目	*	*		
42	1.财产损失				
43	2.固定资产折旧(填写附表九)	*	*		
44	3.生产性生物资产折旧(填写附表九)	*	*		
45	4.长期待摊费用的摊销(填写附表九)	*	*		
46	5.无形资产摊销(填写附表九)	*	*		
47	6.投资转让、处置所得(填写附表十一)		*		
48	7、油气勘探投资(填写附表九)	*			
49	8、油气开发投资(填写附表九)				
50	9.其他				
51	四、准备金调整项目(填写附表十)	*	*		
52	五、房地产企业预售收入计算的预计利润	*	*		
53	六、特别纳税调整应税所得	*	*		*
54	七、其他	*	*		
55	合计	*	*		

经办人(签章): 法定代表人(签章):

注:1. 标有*或#的行次,纳税人分别按照适用的国家统一会计制度填报。

2. 没有标注的行次,无论执行何种会计核算办法,有差异就填报相应行次,填*号不可填列

3. 有二级附表的项目只填调增、调减金额,账载金额、税收金额不再填写。

表 3-15　企业所得税年度纳税申报表附表四

企业所得税弥补亏损明细表

填报时间：　年　月　日　　　　　　　　　　　　金额单位:元(列至角分)

行次	项目	年度	盈利额或亏损额	合并分立企业转入可弥补亏损额	当年可弥补的所得额	以前年度亏损弥补额					本年度实际弥补的以前年度亏损额	可结转以后年度弥补的亏损额
						前四年度	前三年度	前二年度	前一年度	合计		
		1	2	3	4	5	6	7	8	9	10	11
1	第一年											*
2	第二年					*						
3	第三年					*	*					
4	第四年					*	*	*				
5	第五年					*	*	*	*			
6	本年					*	*	*	*	*		
7	可结转以后年度弥补的亏损额合计											

经办人(签章)：　　　　　　　　　　　　法定代表人(签章)：

表 3-16　企业所得税年度纳税申报表附表八

广告费和业务宣传费跨年度纳税调整表

填报时间　　年　　月　　日　　　金额单位:元(列至角分)

行次	项　　目	金额
1	本年度广告费和业务宣传费支出	
2	其中:不允许扣除的广告费和业务宣传费支出	
3	本年度符合条件的广告费和业务宣传费支出(1－2)	
4	本年计算广告费和业务宣传费扣除限额的销售(营业)收入	
5	税收规定的扣除率	
6	本年广告费和业务宣传费扣除限额(4×5)	
7	本年广告费和业务宣传费支出纳税调整额(3≤6,本行＝2 行;3>6,本行＝1－6)	
8	本年结转以后年度扣除额(3>6,本行＝3－6;3≤6,本行＝0)	
9	加:以前年度累计结转扣除额	
10	减:本年扣除的以前年度结转额	
11	累计结转以后年度扣除额(8＋9－10)	

经办人(签章)：　　　　　　　　　　　　法定代表人(签章)：

表 3-17　企业所得税年度纳税申报表附表七

以公允价值计量资产纳税调整表

填报时间：　年　　月　　日　　　金额单位:元(列至角分)

行次	资产种类	期初金额		期末金额		纳税调整额(纳税调减以“－”表示)
		账载金额(公允价值)	计税基础	账载金额(公允价值)	计税基础	
		1	2	3	4	5
1	一、公允价值计量且其变动计入当期损益的金融资产					
2	1. 交易性金融资产					
3	2. 衍生金融工具					
4	3. 其他以公允价值计量的金融资产					

续表

行次	资产种类	期初金额		期末金额		纳税调整额（纳税调减以“－”表示）
		账载金额（公允价值）	计税基础	账载金额（公允价值）	计税基础	
		1	2	3	4	5
5	二、公允价值计量且其变动计入当期损益的金融负债					
6	1. 交易性金融负债					
7	2. 衍生金融工具					
8	3. 其他以公允价值计量的金融负债					
9	三、投资性房地产					
10	合计					

经办人(签章)：　　　　　　　　　　　　　　　　法定代表人(签章)：

表 3-18　资产折旧、摊销纳税调整明细表

填报日期：　　年　月　日　　　　金额单位：元(列至角分)

行次	资产类别	资产原值		折旧、摊销年限		本期折旧、摊销额		纳税调整额
		账载金额	计税基础	会计	税收	会计	税收	
		1	2	3	4	5	6	7
1	一、固定资产			*	*			
2	1. 房屋建筑物							
3	2. 飞机、火车、轮船、机器、机械和其他生产设备							
4	3. 与生产经营有关的器具工具家具							
5	4. 飞机、火车、轮船以外的运输工具							
6	5. 电子设备							
7	二、生产性生物资产			*	*			
8	1. 林木类							
9	2. 畜类							
10	三、长期待摊费用			*	*			
11	1. 已足额提取折旧的固定资产的改建支出							
12	2. 租入固定资产的改建支出							
13	3. 固定资产大修理支出							
14	4. 其他长期待摊费用							
15	四、无形资产							
16	五、油气勘探投资							
17	六、油气开发投资							
18	合计			*	*			

经办人(签章)：　　　　　　　　　　　　　　　　法定代表人(签章)：

表 3-19　企业所得税年度纳税申报表附表十

资产减值准备项目调整明细表

填报日期：　　年　月　日　　　　金额单位：元(列至角分)

行次	准备金类别	期初余额	本期转回额	本期计提额	期末余额	纳税调整额
		1	2	3	4	5
1	坏(呆)账准备					
2	存货跌价准备					
3	＊其中：消耗性生物资产减值准备					
4	＊持有至到期投资减值准备					
5	＊可供出售金融资产减值		——			
6	#短期投资跌价准备					
7	长期股权投资减值准备					
8	＊投资性房地产减值准备					
9	固定资产减值准备					
10	在建工程(工程物资)减值准备					
11	＊生产性生物资产减值准备					
12	无形资产减值准备					
13	商誉减值准备					
14	贷款损失准备					
15	矿区权益减值					
16	其他					
17	合计					

经办人(签章)：　　　　　　　　　法定代表人(签章)：

注：标有＊或#的行次，纳税人分别按照适用的国家统一会计制度填报。

表 3-20　企业所得税年度纳税申报表附表十一

长期股权投资所得(损失)明细表

填报时间：　　年　月　日　　　　金额单位：元(列至角分)

行次	被投资企业	期初投资额	本年度增(减)投资额	投资成本		股息红利					投资转让所得(损失)					
				初始投资成本	权益法核算对初始投资成本调整产生的收益	会计核算投资收益	会计投资损益	税收确认的股息红利		会计与税收的差异	投资转让净收入	投资转让的会计成本	投资转让的税收成本	会计上确认的转让所得或损失	按税收计算的投资转让所得或损失	会计与税收的差异
								免税收入	全额征税收入							
	1	2	3	4	5	6(7+14)	7	8	9	10(7−8−9)	11	12	13	14(11−12)	15(11−13)	16(14−15)
1																
2																
3																
4																
5																
合计																

续表

投资损失补充资料							
行次	项目	年度	当年度结转金额	已弥补金额	本年度弥补金额	结转以后年度待弥补金额	备注：
1	第一年						
2	第二年						
3	第三年						
4	第四年						
5	第五年						
以前年度结转在本年度税前扣除的股权投资转让损失							

经办人(签章)：　　　　法定代表人(签章)：

表 3-21　企业所得税年度纳税申报表附表十二

企业所得税其他优惠明细表

填报时间：　年　月　日　　　　金额单位:元(列至角分)

行次	项　　目	金额
1	合计	
2	(一) 软件生产企业、集成电路企业	
3	(二) 转制科研机构	
4	(三) 文化事业单位转制	
5	(四) 生产和装配伤残人员专门用品企业	
6	(五) 下岗失业人员再就业	
7	(六) 监狱、劳教企业	
8	(七) 享受“两免三减半”的生产性外商投资企业	
9	(八) 享受“五免五减半”的港口码头外商投资企业	
10	(九) 追加投资单独享受所得税定期减免优惠的外商投资企业	
11	(十) 享受延长三年减半征收企业所得税优惠的先进技术外商投资企业	
12	(十一) 享受减按 15%税率征收企业所得税的能源、交通、港口、码头外商投资企业	
13	(十二) 享受“外商投资在 3000 万美元以上,回收投资时间长的项目”优惠,减按15%税率征收企业所得税的外商投资企业	
14	(十三) 新办文化企业	
15	(十四) 经济特区新设立高新技术企业优惠政策	
16	(十五) 打捞单位免征企业所得税	
17	(十六) 技术先进服务型企业	
18	(十七) CDM 项目实施企业	

经办人(签章)：　　　　法定代表人(签章)：

表 3-22　企业所得税年度纳税申报表附表十三

职工教育经费支出跨年度纳税调整表

填报时间：　　年　月　日　　　　金额单位：元(列至角分)

行次	项　　目	金额
1	本年计入成本费用的职工教育经费	
2	2007 年及以前年度累计计提但尚未实际使用的职工教育经费余额	
3	本年职工教育经费支出	
4	本年职工教育经费支出额冲减 2007 年及以前年度累计计提但尚未实际使用的职工教育经费(2≥3，本行=3 行，当 2<3，本行=2 行)	
5	本年可计算税前扣除的职工教育经费支出额(本行=3－4)	
6	本年计算职工教育经费扣除限额的工资薪金总额	
7	税前扣除比例	
8	本年职工教育经费支出扣除限额(6×7)	
9	本年职工教育经费支出扣除额(5≥8，本行=8 行；5<8，本行=5 行)	
10	本年结转以后年度扣除(5≥9，本行=5－9；5<9，本行=0 行)	
11	加：以前年度累计结转扣除额	
12	减：本年扣除的以前年度结转额(8－9≥11，本行=11 行，8－9<11，本行=8－9 行)	
13	本年职工教育经费支出纳税调整额(本行=1－9－12)	
14	累计结转以后年度扣除额(本行=10+11－12)	
15	结转以后年度处理的 2007 年及以前年度累计计提但尚未实际使用的职工教育经费余额(本行=2－4)	

经办人(签章)：　　　　　　　　　　法定代表人(签章)：

表 3-23　企业所得税年度纳税申报表附表十四

职工福利费支出纳税调整表

填报时间　　年　月　日　　　　金额单位：元(列至角分)

行次	项　　目	金额
1	本年度计入成本费用的职工福利费	
2	2007 年及以前年度累计计提但尚未实际使用的职工福利费余额	
3	本年职工福利费支出额	
4	本年职工福利费支出额冲减 2007 年及以前年度累计计提但尚未实际使用的职工福利费　(2≥3，本行=3 行，当 2<3，本行=2 行)	
5	本年可计算税前扣除的职工福利费支出额(本行=3－4)	
6	本年计算职工福利费扣除限额的工资薪金总额	
7	税前扣除比例	
8	本年职工福利费支出扣除限额(6×7)	
9	本年职工福利费税前扣除额(5>8 行，本行=8 行；5 ≦ 8，本行=5 行)	
10	本年改变 2007 年及以前年度累计计提但尚未实际使用的职工福利费余额用途支出	
11	本年职工福利费支出纳税调整额(本行=1－9+10)	
12	结转以后年度处理的 2007 年及以前年度累计计提但尚未实际适用的职工福利费余额(2－4 行)	

经办人(签章)：　　　　　　　　　　法定代表人(签章)：

参 考 文 献

[1] 财政部. 企业会计准则[M]. 北京:经济科学出版社,2006.
[2] 财政部. 企业会计准则——应用指南[M]. 北京:财政经济出版社,2006.
[3] 朱传化,王小勇. 会计模拟实训教程[M]. 北京:首都经贸大学出版社,2004.
[4] 邱庆建. 商业企业会计工作全真模拟[M]. 广州:广东经济出版社,2005.
[5] 王剑英,李锦元. 会计综合实训教程[M]. 北京:科学出版社,2005.
[6] 孙莲香,周海滨,赵连静. 企业会计模拟实战演练[M]. 北京:清华大学出版社,2005.
[7] 闫淑荣. 会计仿真实验教程. 北京:清华大学出版社,2007.
[8] 丁宇. 财务会计模拟实训教程[M]. 北京:电子工业出版社,2009.
[9] 任严冬,孙志芳. 新编会计综合实训[M]. 大连:大连理工大学出版社,2008.